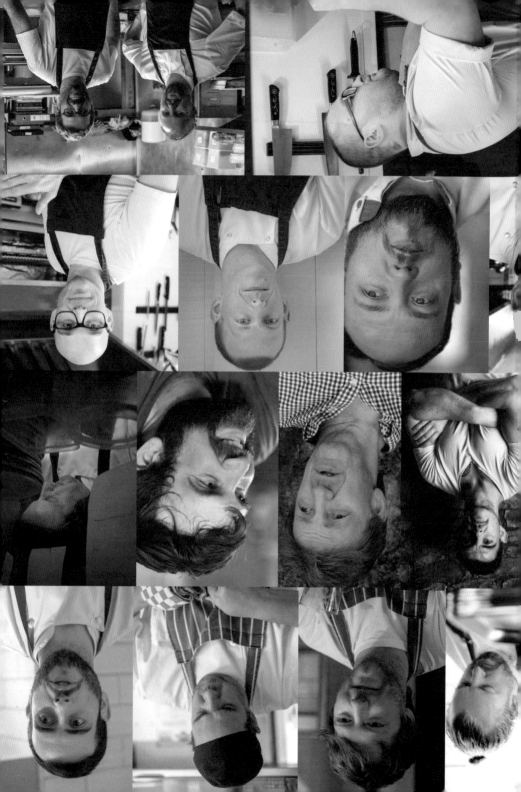

dydd o Riwabon trwy Ddyffryn Ceiriog. Arweinia Grant dîm clòs sydd wedi'i hen sefydlu ers iddo gyrraedd 14 blynedd yn ôl. 'Grant', ac nid 'Chef', ydyw i John o Lyn Ceiriog, ac Eifion, o 'dros y ffordd' yn Llanarmon. Daw yntau o'r Alban, o dre Castle Douglas yn ardal Dumfries a Galloway. Daeth i Gymru yn gogydd deunaw mlwydd oed, yn wreiddiol i'r Hand yn Llangollen. Dilynodd yrfa gorfforaethol mewn cyfres o westai mawrion, a fu bron â'i ddadrithio'n llwyr. Roedd The Hand yn Llanarmon yn achubiaeth lwyr i gogydd a chanddo weledigaeth, ac a oedd hefyd yn ysu am fywyd gwell a'r cyfle i anadlu, a mwynhau. Ac yn fuan ar ôl symud daeth Billy, ei dad, yn gynorthwyydd i'r gwesty hyfryd.

Yn ôl Jonathan a Jackie mae gan y cogydd ddawn eithriadol i gyfuno cynhwysion annisgwyl na ddylent asio â'i gilydd o gwbl, a chynnig symffoni ar blât i bob cwsmer. Bob tro y bues i yno, profais fwyd o'r safon uchaf ynghyd â chlasuron mwy cyfarwydd tafarn fwyd Gymreig. Ger y bar llawn lleisiau lleol, ceir dewis o ddiodydd o ardal y ffin, fel jin Henstone a chwrw Station o Groesoswallt. Yn boblogaidd ar y fwydlen 'glasuron' mae peis siop gigydd McArdle's, y Waun. Ond os yw eich bryd ar brofiad trosgynnol, trowch at y fwydlen gyfnewidiol sy'n cynnig cip ar ddawn Grant a'i griw.

O bryd i'w gilydd ceir cranc Aberdaron, ynghyd â brithyll Dyffryn Ceiriog. Mae'r cregyn bylchog a saws blodfresych yn fan cychwyn ysgubol, ond pleser pur hefyd yw'r *crème brûlée* hadau pabi a chaws Cheddar Llandyrnog. Byddai'n bechod peidio â manteisio ar gynnyrch y bryniau mwyn, a ddaw i'r gegin trwy law David Keegan, cigydd Llanrhaeadr-ym-Mochnant. Mae'r cig oen a saws *harissa*, dail cêl a phwdin gwaed yn gyfuniad gorchestol o flasau. Ac i orffen, beth well na sglaffio pwdin taffi gludiog – byddai bron yn gableddus i beidio – yn nhafarn fwyd The Hand?

Mewn man mor ddiarffordd, gwell fyddai archebu ystafell gysurus i gael manteisio ar y ddiodlen ragorol. Jonathan ei hun a ddatblygodd y rhestr win, a phe bai angen, mae ganddo gynghorion lu i'w rhannu. Ei ddewis ef fyddai Picpoul de Pinet gyda blas heli'r cregyn bylchog, tra byddai ansawdd hufennog y Chardonnay o Sbaen yn cydbwyso i'r dim â'r pwdin taffi gludiog. Ac i orffen, beth am flas o'r Port melynddu a chosyn o gaws Llandyrnog? Fy nghyngor i, yn bendant, fyddai i chi wledda yn y bar er mwyn gwerthfawrogi'r awyrgylch cartrefol.

The Machine House

Rossett (Yr Orsedd Goch)

oes unman tebyg i The Machine House yn Rossett, nid nepell o'r ffin â
Lloegr. Mae'n fwyty hanesyddol ac iddo ysbryd 'roc a rôl', sy'n cynnig
y gorau o gynnyrch gogledd-ddwyrain Cymru. Fe'i codwyd yn wreiddiol i
drin peiriannau fferm leol, cyn gwasanaethu am gyfnod hir fel cwt ieir. Mae
gan sawl cwsmer gof o brynu wyau yno'n blant, ond erbyn hyn y fwydlen flasu
sy'n taro tant.

Kevin Lynn yw'r cogydd sy'n gyfrifol am y cynnwrf a brofwyd yn
ddiweddar yn Rossett, a arweiniodd at gipio gwobr Bwyty Gorau Cymru.
Wedi gyrfa yn dilyn y drefn torrodd yno ei gŵys ei hun, gan sicrhau
llwyddiant a gwobrau lu. Er mai o'r tu hwnt i'r ffin, yn Warrington, y daw'n
wreiddiol, mae wrth ei fodd yn dathlu cynnyrch Cymreig, gan estyn i 'fwtri
naturiol' y tir a'r môr.

Treuliodd bob gwyliau haf yn ystod ei blentyndod yn pysgota gyda'i dad.
Arferai'r teulu ddal y bws i Landudno, cyn mentro ymhellach i Ben Llŷn a Sir
Fôn. Wedi diberfeddu'r mecryll, arferai eu lapio mewn papur newydd a'u
gwerthu i'w gymdogion, a'i fam! Gyda hi y dysgodd bobi tartenni tatws a
sgons, yn ogystal â *bubble and squeak*. A phan ddangosodd ddiddordeb mewn
mynd i weithio ar y môr, cyfeiriodd ei dad ef at yrfa yn y gegin yn lle hynny.

Er mai'r pêl-droediwr Kevin Keegan a ysbrydolodd ei enw – fel cynifer o'i
gyfoedion yn Sir Gaer – coginio yw crefydd y cogydd; hynny ynghyd â
bandiau mawr Manceinion a lywiodd ei ffordd o fyw. Ar waliau brics cochion
y bwyty ceir portreadau o'i arwyr mawr. Ei frawd sy'n gyfrifol am ddehongli
Marco Pierre White, Gordon Ramsay a Raymond Blanc yn arddull ddiferol
Jackson Pollock. I'w gweld yn ogystal mae albymau The Stone Roses a
gynheuodd dân yn ei enaid pan oedd yn ei arddegau. Mor daer ydoedd Kevin
dros ei hoff fand erioed nes bod llun ohono ar glawr yr *NME*. Ychydig cyn
cyngerdd chwedlonol Spike Island yn 1990 ymunodd 'y brenin', Ian Brown, â
gêm bump bob ochr gydag ef a'i frawd, cyn cynnig pâr o faracas i'r ddau.

Symudodd i ffwrdd tra oedd yn gogydd ar ei brifiant a chael hyfforddiant
mewn coleg yn Widnes. Profodd gefn gwlad go iawn yn The Crown Hotel ger

Machine House, Heol Caer, Rossett LL12 0HW 01244 571678

Carlisle, ac eog ffres yn syth o afon Eden. Dychwelodd i Fanceinion dan adain arwr mawr iddo, Raymond Blanc, oedd yn athro o fri. Ond gadawodd Le Petit Blanc am oleuadau Llundain, a gwesty'r Intercontinental yn Hyde Park. Wedi dwy flynedd yn gweithio 'gan milltir yr awr', trodd am loches at Ddyfnaint a Gwlad yr Haf. Yna, yn ei dridegau canol aeth yn ôl i Warrington, lle y creodd enw iddo'i hun yn Sir Gaer. Cipiodd ddau rosyn AA yn Shrigley Hall, ac yna ym mwyty Belle Epoque. Ond y newid mwyaf i Kevin oedd pan glywodd am fwyty oedd ar werth yn yr Orsedd Goch.

Yr eiliad y gwelodd Kevin y bwyty bach, canfu gartref i'w weledigaeth. A rhagluniaeth, mae'n rhaid, oedd yn gyfrifol am ei ddryswch gwreiddiol wrth gamglywed enw'r pentre: 'Rosette'. Rhaid maddau iddo am y dryswch, gan i rosynnau ddilyn ei yrfa ers amser maith. Ac yn 2012, mewn aduniad Stone Roses, bu iddo gwrdd â Wendy ei wraig. Hyd yma profodd 2018 yn drobwynt mawr wrth ddenu clod beirniaid Michelin. Yn dilyn hynny hawliodd deitl Bwyty Rhagorol y Flwyddyn yng Ngwobrau Bwyd Cymru 2018. Yna'n goron ar y cyfan enillodd wobr AA am Fwyty Gorau Cymru 2018-19.

Mae'n gweini bwydlen flasu sy'n ddyfeisgar a direidus, ac sy'n driw i'w hunaniaeth arbennig. Mae'r bwyd yn dymhorol, a'r blasau yn lleol, wrth i Kevin hefyd hela rhai cynhwysion ei hun. Mae hynny'n bendant yn wir yn achos y garlleg gwyllt lleol yn y gwanwyn; mae'n sail nid yn unig i ganapé caws Hafod ond hefyd i'r bara surdoes â menyn lliw broga hardd! Seren yr un fwydlen yw 'Cymru ar Blât' – daw'r cig oen o'r Waun, chwe milltir i ffwrdd. Fe'i cyflwynir gyda shibwns rhost a dail letys Baby Gem, cyn taenu suddoedd cyw iâr drosto. Ond cystal, os nad gwell, yw'r draenog môr a ddyrchefir i'r entrychion â brath afal a chiwcymbr ffres. Yn bwdin, ceir amrywiad Kevin ar Wispa siocled cyfoethog, gyda sorbet – a sierbert – ceirios sur.

Ond peidiwch, beth bynnag a wnewch chi, â gadael cyn y wawffactor o ffarwél. Ar y cyd â phaned o goffi, neu 'slwtsh' ceirios a fodca rhew, cyflwynir cerrig y traeth o Fae Colwyn mewn cragen cranc. Brathwch 'garreg' o *ganache* siocled gwyn, cyn sawru cyffug *(fudge)* lliw rhosyn hardd. Dyma'r 'Stone Rose' ei hun, gan frenin y flwyddyn, wrth ei fodd ar ei orsedd goch.

Tyddyn Llan

Llandrillo

S iopa gyda'i fam yn Sainsbury's y Coed Duon yr oedd Bryan Webb cyn gyrru adre i Landrillo yn 2009. Wrth iddo deithio ar hyd y ffin fe ganodd y ffôn a chafodd neges frys gan ffrind ym mwyty Ynyshir. Fe'i syfrdanwyd i'r fath raddau gan y newyddion mawr nes iddo yrru ddwywaith o amgylch cylchdro yn Craven Arms. Dyna sut y clywodd, ac yntau'n hanner canmlwydd oed, ei fod wedi cipio seren Michelin.

Not Bad for a Taff yw teitl llyfr coginio y Cymro o Grymlyn, Caerffili. Mae'n cyfleu i'r dim ei deimladau ei hun am ei yrfa, a gychwynnodd ac yntau'n ifanc iawn. Cafodd ei fagu yng nghysgod trychinebau Cwm Rhymni, gyda'i dad yn achubwr yn y pyllau glo. Penderfynodd ddewis cyfeiriad gwahanol iddo'i hun ar ôl blasu bwyd y Walnut Tree, ger y Fenni, cyn cael profiad gwaith ym mwyty The Crown at Whitebrook yn un ar bymtheg mlwydd oed. Wedi pedair wythnos yno dan adain y cogydd Sonia Blech, aeth i Lundain i brynu'i siwt wen.

Fyth ers hynny bu bywyd yn gorwynt gwyllt gan symud o un gegin o fri i'r llall. Enillodd ysgoloriaeth gynnar i gael ei hyfforddi ym Mont-Saint-Michel, yna yn Strasbourg a Phalas Versailles. Dilynwyd hynny gan gyfnod dan adain Colin Presdee ym mwyty'r Drangway yn Abertawe, lle dysgodd lawer am goginio â physgod. Yna, yn ddau ddeg pedwar oed, fe'i hapwyntiwyd yn brif gogydd yn Hilaire, Old Brompton Road yn Llundain, lle cyfarfu â Susan, ei wraig. Gadawodd y ddau y ddinas ar ôl 16 mlynedd wallgo, gyda'r bwriad o fynd i deithio'r byd. Ar hyd y ffordd, treuliwyd noson yn Nhyddyn Llan ar gyrion pentre heddychlon Llandrillo. Ymhen misoedd, clywodd y ddau fod y lle ar werth, ac maen nhw'n berchnogion arno ers 2001.

Ar bob ymweliad â bwyty arbennig, ceir cyfuniad o gynnwrf ac ofn; does dim byd gwaeth na theimlo fel dieithryn, ond naws gartrefol sy'n hollbresennol yn Nhyddyn Llan. Yn wir, fel y dywed Bryan a Susan, dyma yw eu cartref, ac mae'r manylion – o'r lluniau a'r llenni i holl seigiau'r fwydlen – yn adlewyrchu eu chwaeth eu hunain. Yn wir, mae posteri Chez Panisse, bwyty mwyaf dylanwadol Califfornia Cuisine, yn cael lle blaenllaw iawn ar waliau Tyddyn Llan. Cafodd y ddau sawl cyfle i fynd ar bererindod yno yn ystod eu teithiau o amgylch y byd, a chaiff blasau syml a thymhorol yr Americanes Alice Waters eu hadleisio yng nghoginio Bryan Webb.

Mae e'n Gymro i'r carn fel y tystia'i fwydlen, sy'n cynnig blasau sy'n nodweddiadol o'n tir ac o'r môr. Yn damaid i aros pryd dros eich G&T, ceir creision gwymon wedi'u ffrio'n grimp. Ceir hefyd dameidiau canapé, fel pestri cennin a bara lawr, wy Sgotsh sofliar a *beignet* caws. Mentrwch yn bendant ar fwydlen flasu Bryan Webb. Mae'n cynnig dewis da o glasuron ei yrfa faith, a byddwch yn bendant am ddychwelyd i'w profi am yr eilwaith.

Cychwynnais i â chawl pwmpen llawn cysur, yna salad langwstîn ac afocado ffres. I dorri syched awgrymwyd glasied o win gwyn Viognier blas bricyll ac eirin gwlanog. Gweddodd hynny i'r dim â'r salad bwyd môr a'r cregyn bylchog a saws rhesin a blodfresych. Roedd hwnnw'n sylfaen gadarn i seren o saig – ffiled o'r pysgodyn cegddu *(hake)* wedi'i ffrio â saws menyn *beurre blanc* bara lawr. Ni flasais i erioed gig carw mor felfedaidd â hwnnw a'i dilynodd, wedi'i daenu â saws ysgaw a phort. Mae'r risoto cloron yn goron ar fwydlen sy'n eich swyngyfareddu'n llwyr.

Nid pob dydd mae profi gwledd o'r fath, ond mae'n fuddsoddiad mewn atgofion a fydd yn para am byth. Dyna'n bendant ydy bwriad Bryan a Susan yn Nhyddyn Llan wrth groesawu gwesteion yn ôl yn gyson, boed o Benllyn a Sir Ddinbych neu o bell.

The White Horse

Hendrerwydd ger Dinbych

Pan fydd y cogydd Bryn Williams yn trefnu dathliad pen-blwydd, peidiwch â synnu i'w weld yn Hendrerwydd. Yn nhafarn fwyd y White Horse y cynhaliodd barti i'w dad, dros glamp o ginio Sul eleni. Nid fod angen sêl bendith enw mawr o Ddinbych i ddenu gloddestwyr y plwyf. Ond ac ystyried mai dyma un o gyfrinachau gorau Cymru, dim ond teg fyddai rhannu'r si.

Yn un peth, caiff cig eidion cigydd Rhuthun, Stan Jones, ei frwysio mewn suddoedd Bwncath, sef yr enw ar gwrw lleol Llandyrnog. Yn ail, ceir rhestr aros o hyd at bythefnos i gwsmeriaid flasu *chowder* y gegin. Ac yn drydydd, er bod y fwydlen yn newid yn ddyddiol, ceir un dechreufwyd sydd mor gadarn â'r graig. Ers 2014 mae'r bol porc halen a phupur llawn blasau Asiaidd yn ddisymud, er ei fod yn gwibio allan o'r gegin yn ddi-baid.

Caiff y lwyn porc ei wlychu gan gwrw lleol Buzzard Brewery, er mai yfwr Bass yw'r cogydd Jason Stock. Mae e hefyd yn hedonydd sy'n hoffi rỳm a sigârs, sy'n egluro'r botel o Barti Ddu ar y silff. Yn wir, fe briododd ef a Lucy – cyd-berchennog y Ceffyl Gwyn – ar draeth ar ynys Barbados yn 2016. Mae'n benderfynol o annog eraill i rannu'r 'bywyd braf' wrth gynnig bwydlen cyw iâr *jerk* gyda rỳm a sigâr.

Ble y ganed yr awch i ddeffro synhwyrau Dyffryn Clwyd a chynnig bwyty gwych mewn tafarn wledig? Yr ateb, yn blwmp ac yn blaen, yw Dwygyfylchi. Gyda'i fam o Ffestiniog (a'i gefnder, Rhys Roberts, yn rhedeg Cell Blaenau) a'i dad yn wreiddiol o Sir Gaer, roedd yn gas gan Jason flas tatws stwnsh yn blentyn. Ond pan ddechreuodd ennill pres am olchi llestri ym Marina Conwy, gwelodd gyfle i greu gyrfa lewyrchus. Gadawodd Goleg Llandrillo a mynd i weithio i Osborne House, Llandudno, cyn cynorthwyo Antony Shirley ym mwyty Sands Brasserie, Deganwy. Mae'n cofio rhyfeddu at gyfuniad sbeisys cyfrinachol y cogydd, a dianc i'r oergell i gofnodi'r rysáit ar ei goes. Yr un cyfuniad sy'n sail i saws bol porc bythol boblogaidd y White Horse, a gyfoethogir â sinsir, shiwbwns a choriander.

Yn Llandudno y bu i Lucy a Jason gyfarfod, yn ystod eu harddegau, tra

oedd hithau yn gweithio yng nghegin The Poolside, yn yr Empire. A hithau o Abergele yn wreiddiol, arallgyfeiriodd Lucy am gyfnod, gan fynd yn athrawes anghenion arbennig yn Ysgol y Gogarth. Yn y cyfamser aeth Jason i weithio ym Mhlas Maenan, cyn treulio deunaw mis dan adain Adam Simmonds yn Ynyshir. Pan nad oedden nhw'n gweithio, teithiodd y ddau o amgylch y byd, yn gloddesta mewn bwytai o fri. Mae'r bwydlenni i gyd i'w gweld ar waliau'r hen dafarn, a'r enwau mawreddog yn gryn agoriad llygad. O Heston Blumenthal i Marcus Wareing, ac April Bloomfield yn Efrog Newydd – dyma gogydd sy'n teithio'n bell i fwydo'i angerdd.

Ond y ffefryn, o bell ffordd, i Lucy a Jason, yw hen dafarn y Griffin, yn Felin-fach ger Aberhonddu. Mae'n batrwm o fusnes gwledig sydd yn gyfoes a chysurus, a bu'n ddylanwad mawr ar weledigaeth y White Horse. Agorodd y ddau'r bwyty yn 2012, gyda'r bwriad o weini bwyd da am bris teg. Ond roedd Jason yn benderfynol o osgoi clasuron tafarn, a chynnig rhywbeth newydd sbon yn Nyffryn Clwyd. Felly yn hytrach na gweini sglodion ac wy a gamon, cynigiodd bicl pinafal, wy 'di'i botsio a hoc ham. Afraid dweud, codwyd ambell ael i gychwyn, ond profodd y fenter yn llwyddiant mawr.

Fel cwrs cyntaf mae'r bol porc Asiaidd yn syfrdanol o dda, ac yn ddigon i gynhyrfu'r galon. Nid oes unrhywbeth tebyg yn yr un dafarn wledig Gymreig arall, a sylfaen y saig yw safon y cig moch lleol. Saig arall yw'r salad cranc a grawnffrwyth pinc, cyfuniad amheuthun sy'n tynnu dŵr o'r dannedd. Ar y cyd â'r cig ar y Sul cyflwynir llysiau tymhorol, a bydd yma wastad blatiad o flodfresych caws Llandyrnog. Nytmeg yw'r gyfrinach, meddai Jason yn dawel fach – un o'r tri chynhwysyn na fyddai bywyd yn werth ei fyw hebddynt, ynghyd â menyn hallt a halen y môr.

Yn naturiol, daw swmp helaeth o gynnyrch llaeth y dafarn fwyd gan ei gymdogion – ffermwyr godro ers cenedlaethau. Yn wir, ddim sbel ar ôl agor cyflwynwyd y cogydd i un cymydog sy'n cyflenwi llaeth organig i McDonald's; doedd Jason erioed wedi blasu llefrith cystal yn ei fyw. Bydd yn pasio'r fferm yn ddyddiol wrth fynd â'r cŵn am dro, ac yn fforio yn gyson am gynhwysion, fel suran coch (*red vein sorrel*).

Yn bendant, mae Jason a Lucy wedi cynnal naws gartrefol yr hen dafarn sy'n dyddio o'r ail ganrif ar bymtheg, ond yn bwysicach, mae'n dal i fod yn ganolfan gymunedol hollol naturiol. Mae'r bar bach trawiadol yn boblogaidd gyda'r bobl leol, sydd wrth eu bodd bob nos Wener â'r fwydlen 'peint a phryd am ddecpunt'. Ar y waliau mae lluniau Lucy ei hun o wartheg fferm Hendrerwydd, ac mae'r lle tân yn gwahodd pawb i gynhesrwydd yr aelwyd.

Ond mae'r cymdogion yr un mor hapus yn y bwyty 'drws nesa', gan gynnwys Mary Parker o fferm Tirionfa, dros y ffordd. Yno'n dathlu pen-blwydd arbennig roedd Mary ym mis Mai, ym mynwes y teulu, gyda Buddug ei chwaer. Eu Modryb Marged arferai redeg siop y pentre – lle saif y bwyty erbyn hyn – cyn yr Ail Ryfel Byd, yna'u Yncl Tom ac Anti Elin yn ystod y pumdegau. Âi eu mam i gasglu neges yno bob bore Gwener, gan gynnwys siwgwr a chwarter pwys o de. Ambell waith dôi galwad i'w tad ar unig ffôn y pentre, oedd hefyd i'w ganfod yn y siop. Ond yn hen dafarn Mrs Roberts doedd dim croeso i ferched – bu cryn newid byd ers hynny, diolch i'r drefn!

Ac eto, mewn rhai ffyrdd mae ethos y pentre 'run fath; mae Jason a Lucy yn prynu eu hwyau oddi wrth 'Eddie's Eggs', gan lanc pymtheng mlwydd oed o Landyrnog. A chwsmer lleol o'r enw Michelle – pennaeth busnes llwyddiannus 'Baa Stool' – a gyfrannodd gnu'r dodrefn, a hynny am ddim. Bu'r rhwydwaith cymunedol yn gefn anhepgor i'r ddau, a gyfrannodd at lwyddiant y dafarn fel cyrchfan fwyd. Cafodd yr ardal ei tharo eleni gan newyddion mawr pan benderfynodd cwmni bwyd Danaidd Arla symud i Ddyfnaint. Amser a ddengys beth fydd yr effaith hirdymor ar bawb. Yn y cyfamser, mae'r White Horse yn cynnig lluniaeth a llawenydd.

Canolbarth

'Mae wastad yn bleser darganfod bwyty bendigedig,
un sy'n perthyn yn llwyr i'w fro.'

Gwesty Cymru

Aberystwyth

Mae 'na draddodiad maith yn Aberystwyth wrth gerdded ar hyd y prom, sef mynd ati i 'gicio'r bar' yng nghysgod Craig Glais. Ond codi'r bar oedd bwriad Huw a Beth Roberts wrth agor gwesty a bwyty o fri ar lan y môr. Mae'n hawdd anghofio, ond ychydig dros ddegawd yn ôl wynebai'r dre Fictoraidd dipyn o benbleth yn ei hanes. Roedd yn fwrlwm o gaffis a thafarndai, a doedd dim problem o ran denu myfyrwyr a phobol fusnes. Ond yr hyn nad oedd yno oedd gwesty bwtîc cyfoes, ac iddo fwyty tra llwyddiannus.

Fe glywsom droeon am fanteision arallgyfeirio, yn bendant ym maes lletygarwch – a cheir digon o esiamplau o hynny yn y gyfrol hon. Ond pwy feddyliai fod elfennau cyffredin rhwng rhedeg bwyty a chynhyrchu rhaglenni radio? Mae'n berffaith wir yn ôl y ddau o Gaerdydd a adawodd BBC Radio Cymru i sefydlu busnes Gwesty Cymru – 'Yr un adrenalin sy'n cicio fewn wrth gynnig gwasanaeth byw, a phob un gynulleidfa'n wahanol bob tro'. Gweithio 'tu ôl i'r llenni' ar yr ochr raglennu yr oedd Beth, tra creai Huw, y cynhyrchydd, sioeau poblogaidd eu hapêl – *Ocsiwnia*, *Wam Bam* a *Pwlffacan* yn eu plith.

Ond pan gododd si am doriadau swyddi, daeth y cyfle i drafod o ddifri; seliwyd eu ffawd un nos Sadwrn yn 2005, dros botel o win Jacob's Creek Semillon Chardonnay! Gofynnodd Beth i Huw beth yr hoffai ef ei wneud pe câi'r cyfle i wireddu ei freuddwyd; 'agor gwesty neis yn Aber' oedd yr ateb. Ac yntau'n wreiddiol o Benparcau, a'i deulu yn dal i fyw yn y cyffiniau, doedd y dre a ddewisodd ddim yn syrpréis. Ond ymhen llai nag awr cafodd Huw gryn sioc, ar ôl i Beth wneud darganfyddiad mawr. Ar werth ar y we roedd gwesty gwely a brecwast ar lan y môr y bu Huw ei hun yn preswylio ynddo'n ddeunaw oed. Yr atyniad, ynghyd â'r olygfa, oedd yr ardd o flaen yr adeilad – peth pur anghyffredin mewn tre glan môr gywasedig.

O ran Beth, sy'n wreiddiol o Ferthyr, llifodd atgofion plentyndod i'r cof. Heddwas yn y cymoedd oedd ei thad, ond roedd gan y teulu garafán yng Ngheinewydd; arferent deithio mewn bws bob haf i Aberystwyth, lle roedd yr

haul yn tywynnu bob tro. Aeth y ddau ati'n syth i roi'r cynllun ar waith, a gwireddu'r weledigaeth: busnes oedd â naws a hunaniaeth gwbl glir, oedd yn driw i Aberystwyth, Ceredigion a Chymru.

Mae hynny yr un mor wir heddiw â phan agorodd Gwesty Cymru yn 2007, ac mae'r weledigaeth i'w chanfod ym manylion lleiaf y bwyty, sy'n crynhoi elfennau ehangach y gwesty i'r dim. O ran ansawdd Cymreig, does dim rhaid edrych ymhell; o ddodrefn cyfoes y saer coed Selwyn Thomas o Drefor i'r bar trawiadol a wnaed o lechi chwarel Cwrt y Bugail ym Mlaenau Ffestiniog, i'r gwaith celf gan yr artist o Aber, Bethan Clwyd. Mae 'na' yn golygu 'falle' i'r ddau, felly pan ddywedwyd wrth Huw na châi far ei freuddwydion, trodd at gynllunydd setiau cyfres *Doctor Who*. Creodd Simon Hooper far arian canolog na fyddai'n edrych allan o'i le yn y Tardis.

Er na weinir gwin Jacob's Creek, mae'r Pinot Grigio yn llifo'n llawen – nid 'snobs gwin' mo'r un o'r ddau, meddai Huw a Beth. Mae'r dewis yn adlewyrchu'r yr hyn y byddai'r ddau yn mwynhau ei yfed a'i fwyta ar noson allan. Mae gan Beth chwaeth eang o ran blasau bwyd, ac mae'n trysori'r atgof o wledda ar saig o frithyll ac almwn mewn tafarn gyda'i theulu yng Ngheinewydd. Ei hawgrym hi yw fod blas gwsberins Sauvignon Blanc o Marlborough, Seland Newydd, yn asio'n dda â'r pysgod a'r bwyd môr. Mae ganddi nifer o ffefrynnau ar y fwydlen dymhorol – yn eu plith y ffiled penfras *(cod)* a draenog y môr.

Mae Huw, ar y llaw arall, yn fwy ceidwadol ei chwaeth, ac yntau'n un o chwech o blant i athro a darlithydd oedd heb lawer o amser i'w dreulio yn y gegin. Ond mae'n dal i gofio'r pleser o wledda ar gig eidion wedi'i frwysio ei nain. Yn wir, wrth arbrofi â'r fwydlen cinio Sul, darganfuwyd nad oedd cwsmeriaid lleol Gwesty Cymru yn or-hoff o'r tueddiad cyfoes i weini'r cig eidion yn waedlyd. Mewn ymateb i hynny, awgrymodd Huw y dylid cynnig stiw cyfoethog yn null ei nain, gyda'r cig suddlon yn syrthio'n ddarnau blasus. A dyna, heb os, yw'r saig fwyaf poblogaidd bob dydd Sul. Cynnig Huw i gyd-fynd â'r suddoedd sawrus fyddai'r gwin Malbec llawn blasau cydnerth o Batagonia.

Mae'r rymp cig oen hyfryd hefyd yn seren ar y fwydlen, ac fel nifer o'r cigoedd eraill mae'n deillio o siop gigydd Paul Jones ym Mhenparcau, yn ogystal â siop Rob Rattray, Aberystwyth. Ond mae'n debyg mai saig fwyaf unigryw Gwesty Cymru yw wy Sgotsh Alltfedw – un o greadigaethau Beth. Cymaint yw'r galw amdano fel ei fod ar gael i frecwast ac fel 'plât bach' amser cinio, ac os oes arnoch chi wir awydd gwledd fin nos, fel cwrs cyntaf i swper. Mae'n bryd ynddo'i hun ac yn rhodd i gig-garwyr, gan gyfuno selsig, madarch, bacwn a phwdin gwaed.

Pe na bai hynny'n ddigon i blesio'r cwsmeriaid, yna mae'r pwdinau yn taro tant bob tro. Mae'r crymbl afal cartrefol yn fythol boblogaidd, ond ceir amrywiadau gwahanol ar glasuron eraill fel *panacotta* te Earl Grey, a *crème brûlée* gyda lafant a mêl Cymreig. Esgorodd llwyddiant Gwesty Cymru – a gweledigaeth Huw a Beth – ar gynnwrf traddodiad newydd ar lan y môr.

Trodd yr ardd yn deras braf i sawru diod ganol haf, yng nghysgod llechen fawr ac arni englyn gan Tudur Dylan. Yn gefnlen i'r cyfan mae sain caneuon Cymraeg poblogaidd, a chwaraeir yn gyson yn y bar. Yn eu plith, mae llais arwr a greodd argraff ddofn ar Huw o'i ddyddiau ifanc yn Aber hyd at ei gyfnod yn gynhyrchydd gyda Radio Cymru – Geraint Jarman, cyfansoddwr y gân 'Gwesty Cymru'.

Harbourmaster

Aberaeron

'Gallech chi gynllunio a chreu'r lle gorau yn y byd, ond y bobol sy'n gwireddu'r freuddwyd.' Dyna ddysgodd Menna Heulyn yn ei swydd gyntaf yn cynrychioli Cymru yng nghanolfan Epcot, Walt Disney World. Mae'r un peth yn wir am lwyddiant gwesty'r Harbourmaster a sefydlodd Menna ar y cyd â'i gŵr Glyn. Does dim byd tebyg i noson braf ar wal y cei yn Aberaeron cyn eistedd i lawr am wledd ym mwyty'r Harbwrfeistr. A chyn ei throi hi am adre, dros ddiod wrth y bar, fe ddaw'n glir mai'r tîm i gyd sy'n gyfrifol am eich mwynhad.

Arweiniodd y gŵr a'r wraig y gad i'r genedl gyfan yn 2001 gyda'r hyn a ystyrid gan nifer yn freuddwyd gwrach. A diolch i lu o drigolion lleol – a sawl cenhedlaeth o'r un teulu – rhoddwyd Cymru ar y map fel 'cyrchfan' fwyd. Meistres caffi yn Synod Inn oedd mam Glyn, tra oedd ei dad yn gynghorydd Plaid Cymru. 'Mae'n fisi – codwch!' oedd y cyfarwyddyd i Glyn yn aml, i fynd i helpu gyda'r brecwast a'r 'cacs' yn y gegin. Magwyd Menna a'i chwaer saith milltir i ffwrdd yn Aberaeron, yn blant i athrawon o ardal Cwm Nedd. Ond yn nhafarn O'Donoghue's yn Nulyn y cyfarfu'r ddau, ar benwythnos rygbi Iwerddon yn erbyn Cymru yn 1998.

Gweithio yn S4C yng Nghaerdydd yr oedd Menna ar y pryd, wedi gyrfa ryngwladol ym maes datblygu economaidd. Ac yn dilyn degawd ym myd cysylltiadau cyhoeddus, yr oedd Glyn yn ymgynghorydd ariannol annibynnol yng Ngheredigion. Symudodd Menna i Aberystwyth ac wrth hwylio i Aberaeron, daeth y ddau wyneb yn wyneb â'u ffawd. . .

O'u blaenau ar y cei safai hen gartre'r harbwrfeistr – clamp o dafarn lliw hufen a rhwd a welodd ddyddiau gwell. Wedi teithio cryn dipyn gyda'i gilydd o amgylch y byd, roedd gwesty d'Urville yn Blenheim, Seland Newydd yn fyw yn eu cof – hen fanc a addaswyd yn fwyty a gwesty bwtîc a greodd gryn fwrlwm ym mro gwin Marlborough. Roeddent hefyd yn hoff iawn o Gastell Deudraeth, Portmeirion, a thafarndai'r Bull ym Miwmares a'r Griffin yn Felin-fach, ond doedd nunlle tebyg i'w ganfod ar hyd Bae Ceredigion, rhwng y Cnapan yn Nhrefdraeth a'r Penhelig Arms yn Aberdyfi. Un ofn oedd gan

Menna wrth drafod ei brynu i'w addasu â Glyn: 'Beth fyddai pobol Aberaeron yn ei ddweud?'

'Smo hwn yn mynd i weithio' oedd y gred gyffredinol, a chlywodd Glyn, gan fentor mawr iddo, 'Ti off dy ben!' Ar ben hynny, roedd tad Menna yn gegrwth. Doedd ei rhieni ddim yn bles, ac eto, wrth fynd ati i sefydlu'r busnes fe fuon nhw o gymorth mawr – fel derbynnydd a gofalwr! Ond serch yr amheuon, gwyddai'r ddau ym mêr eu hesgyrn eu bod nhw'n bendant yn gwneud y peth iawn. Roedd yr adeilad Sioraidd cymesur yn rhodd bensaernïol y dylanwadwyd arni gan weledigaeth y pensaer John Nash. A gyda chymorth llu o weithwyr – a chyngor dylunio Ann Hughes (siop Seld erbyn hyn) – cododd Glyn a Menna y bar ar gyfer tref harbwr Aberaeron.

Mae'n amhosib dychmygu Aberaeron heb y bwyty a'r gwesty erbyn hyn, â'i furiau lliw porffor brenhinol. Roedd lliwiau'r waliau tu fewn – gwyrddlas golau a lliw machlud haul – yn gyfoes ac ymlaciol, a'r defnydd o garthenni Melin Tregwynt yn arloesol ar y pryd. Cynhyrfwyd ymwelwyr o'r cychwyn gan uchelgais newydd Gymreig, oedd â'r Gymraeg naturiol leol yn ganolog iddi. Yn fwy na dim roedd y gwesty yn perthyn i'w le, a dyna, fe ymddengys, a gyffrôdd y cyfryngau torfol.

O fewn misoedd iddo agor dros y Sulgwyn yn 2002, hawliodd glawr adran deithio *The Sunday Times*. Ac wedi un ymddangosiad ar *The Travel Show* ar BBC1, doedd dim taw ar y galwadau ffôn am chwe mis. A rhwng 2008 a 2012 serennodd yn y gyfres *Teulu*, un o ddramâu mwyaf poblogaidd S4C. Ond bu ei effaith ar economi gorllewin Cymru yn arwyddocaol iawn, ac ar yrfaoedd llu o bobol ifainc leol. Mae'r ddau yn ymfalchïo yn rôl y bwyty fel meithrinfa i dalentau'r fro – fel Rhiannon Jenkins, Pysgoty a Gareth Evans, rheolwr Baravin yn Aberystwyth. Ac yn gweithio yno ar hyn o bryd mae *pâtissier* o fri, Dwynwen Leonard o Gastellnewydd Emlyn.

Yn wir, wrth gamu dros riniog y bar mawr canolog – a ychwanegwyd i'r adeilad yn 2007 – cewch eich taro gan don amheuthun o Gymraeg ymysg yr haid o weithwyr ifainc brwdfrydig. Yn rheolwr cyffredinol ers 2008 mae Dai Morgan, neu 'Dai Morfa' ar lafar gwlad; cyn-gigydd yng Ngheinewydd, rheolwr llawr yng Nghaerdydd ac actor gyda Theatr Felinfach. Gadewch iddo ef a'r tîm gynnig croeso go iawn yn harbwr diogel y bar. Sawrwch jin tymhorol Dà Mhìle o Landysul wrth ystyried y fwydlen, cyn cael eich tywys

i'r stafell fwyta braf. Archebwch fwrdd y 'Cwtsh' i brofi rhamant y machlud haul, neu am wefr bur wahanol, eisteddwch yng nghysgod englyn teyrnged y diweddar Brifardd Iwan Llwyd.

Wrth y llyw yn y gegin ers rhai blynyddoedd bellach y mae'r Llydäwr Ludo Dieumegard. Mae'n gymeriad hoffus tu hwnt ac yn byw i goginio bwyd – ceisiwch eich gorau glas i'w fachu am funud am sgwrs! Fel un a fagwyd yn Vannes ar fwyd y môr, gan fam oedd yn 'glyfar iawn yn y gegin', mae Ludo yn mwynhau llywio criw yr Harbwrfeistr yn fawr. Wnaeth e erioed dalu'r un *centime* yn blentyn am wystrys, cimwch a chregyn gleision, gan iddo'u hela yn rhad ac am ddim ar lan y môr. 'Does gen i ddim hyfforddiant ffurfiol,' meddai, 'ond dwi'n deall bwyd Llydaw a Ffrainc i'r dim, a dwi wrth fy modd yn ei drosi i'r Gymraeg.'

Er mai gweithio gyda'r heddlu yr oedd ei dad a'i frawd, ymunodd Ludo â'r llynges Ffrengig gyda'i fryd ar weld y byd. Ailystyriodd, serch dysgu cryn dipyn am ddisgyblaeth, wedi i un gyllell baled yn ormod gael ei thaflu ato, yn null 'cyntefig' y Ffrancwyr o ddysgu coginio. Trodd ei olygon yn hytrach at Gymru, a bu ym Maes y Neuadd ger Harlech am dair blynedd, cyn symud i'r brifddinas lle bu'n cydweithio â Padrig Jones yn Le Gallois am bum mlynedd arall. Yno hefyd y cyfarfu â Lowri o Grymych, ac wedi iddynt symud yn ôl i'r gorllewin treuliodd Ludo gyfnod yn Llys Meddyg yn Nhrefdraeth, cyn agor bwyty'r Hen Fuwch Goch yng Nghastellnewydd Emlyn.

Yno, yn 2009, death bri mawr i'w ran pan greodd argraff fawr ar ei arwr Michel Roux wrth gystadlu ar raglen deledu *Masterchef: The Professionals*. Un o'r seigiau a gyffrôdd y beirniaid oedd jeli wystrys a gwin gwyn Bwrgwyn, oedd yn deyrnged i'w athrawes gyntaf un – ei ddiweddar, annwyl fam. Y gwin gwyn bryd hynny oedd Pouilly-Fuissé, ond gydag wystrys yr Harbwrfeistr ei ddewis cyntaf fyddai Muscadet. A phe bai Menna a Glyn am ymuno ag ef ym Mhen Cei adeg machlud haul yn ystod Gŵyl Bwyd Môr Bae Ceredigion, byddai'n estyn am beint o gwrw Glaslyn Mŵs Piws o Borthmadog, a glasied o *rosé* o Provence. Does dim achlysur cystal yng Nghymru, meddai Ludo, am ddenu cogyddion gorau'r wlad i ymlacio a mwynhau eu hunain. Tîm yr Harbwrfeistr sy'n llywio'r digwyddiad bob Gorffennaf, ar ôl ei etifeddu yn 2002.

Ond os nad yw un penwythnos yng Ngorffennaf yn gyfleus, profwch weledigaeth Ludo drwy gydol y flwyddyn. Ei gyngor i newydd-ddyfodiaid fyddai dechrau'r wledd gyda 'blas Cymru' – cocos crenslyd – ar blât. Dilynwch hynny â'r cennin ar y cyd â saws menyn, i goroni'r teyrn, y draenog môr. Ond ar ymweliad ganol Mawrth, wedi eira mawr, cefais fodd i fyw â'r *croquettes* cranc lleol a *mayo* sinsir. Dilynwyd y rheiny gan rymp cig oen arbennig, a thrilliw annisgwyl o Eidalaidd. Fe'i cyflwynwyd ag olew brenhinllys a jam tomato, a chacen polenta parmesan gan gynnig ciplun hynod sawrus o'r haf! Yna'n ôl â ni'n syth i blu'r eira ar gyfer clamp o Alasga Pob. Mynnwyd parhau i doddi'r tymhorau gyda blas lemwn ac oren paradwysaidd. Yn y ffordd orau bosib, malwyd fy nhafod yn rhacs a chwalwyd fy mhenglog yn llwyr!

Llangoed Hall

Llys-wen

Ar brydiau gall hyd yn oed beirniad flino ar daith faith fel hon, wrth wibio heibio cymaint o fwytai o fri. A faint ohonom ni, wrth fomio ar hyd yr A470, sydd wedi pasio Neuadd Llangoed yn ddi-hid? Mae wastad yn braf gweld baner y ddraig yn cyhwfan uwch cyn-blasty teulu Laura Ashley. Ond pwy mewn difri calon sydd ag amser am seibiant pan fo bywyd, neu daith yn ymwneud â gwaith, yn galw ar gymaint o frys?

Yr ateb yn syml yw'r bobol graff hynny sy'n gweld gwerth mewn oedi i anadlu; i sawru prydferthwch, a chanfod dedwyddwch, a hynny am fargen o bris. Alla i ddim pwysleisio digon faint o bleser ges i dros ginio gan feistr y gegin, Nick Brodie, nid yn unig yn un o stafelloedd godidocaf Sir Faesyfed, ond wrth brofi cynnyrch gorau ardal y Mynydd Du.

Mae'r hanes yn syfrdanol – fe'i sefydlwyd yn y chweched ganrif yn wreiddiol, a cheir si mai dyma oedd lleoliad senedd-dy cyntaf Cymru, yn y flwyddyn 560 OC. Fe'i hailgodwyd yn 1632 yn arddull Jacobeaidd y cyfnod, ac fe'i collwyd mewn gêm hapchwarae yn 1847. Yn 1919 fe'i diweddarwyd gan neb llai na'r pensaer Clough Williams-Ellis (Portmeirion). Wedi i'r lle fynd â'i ben iddo yn ystod yr ugeinfed ganrif fe'i hachubwyd gan Bernard Ashley – er cof am Laura Ashley, ei gynllunydd o wraig – a'i trawsffurfiodd yn westy pum seren. Gwerthodd yntau y busnes yn 2012, ond yn ei redeg erbyn heddiw mae'r cyn-reolwr, Calum Milne.

Mae'r bwyty yn cynnig profiad gwefreiddiol ynddo'i hun, yn y gofod godidog, glas golau. Addurnwyd y waliau â gweithiau celf gwych, lluniau gan Augustus John a Whistler yn eu plith, sydd yn dal ym meddiant y cyn-berchennog, Bernard Ashley. Mae'n bendant yn fan perffaith i fwynhau te prynhawn, a golygfa o'r lawnt *croquet* islaw. Efallai y byddai hynny'n hen ddigon i rai wrth fodloni ar flas o'r oes a fu.

Ond agorwyd y ffenest yn 2013, gan adael corwynt o dalent i mewn ar frys. Croesawyd cogydd cwbl gyfoes i drawsnewid y fwydlen, gan esgor yn syth ar chwyldro tawel yn y llys. Mae'r bwyd a weinir ganddo y nesaf peth at 'gelf pop', a'r sioc fel profi gweithiau Jackson Pollock. Erbyn meddwl, mae'n

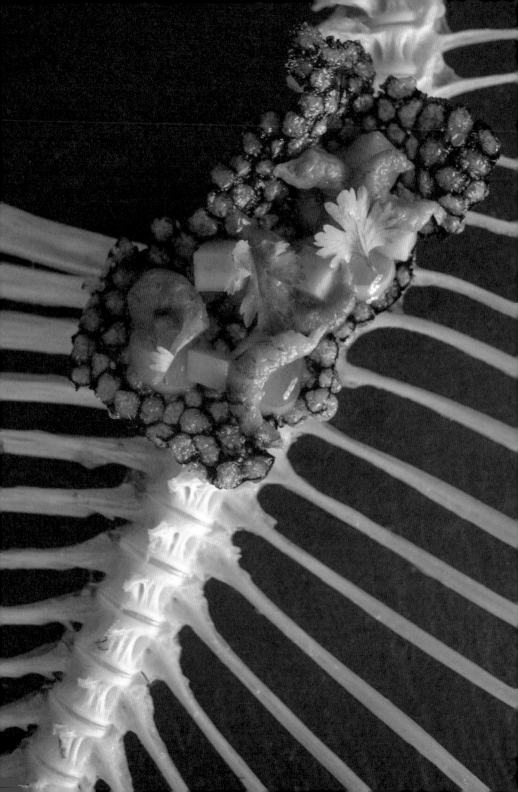

nes at bŵer celf wleidyddol Ivor Davies a'i gofeb i fynydd Epynt gerllaw, a feddiannwyd gan y Weinyddiaeth Amddiffyn.

Yn wir, i faes y gad yr oedd Nick Brodie am fynd pan safodd arholiad i ymuno â'r fyddin yn bymtheg oed. Trwy drugaredd roedd y bachgen o Ashton, Manceinion, yn rhy ifanc, a chafodd ei lywio gan ei dad i faes bwyd. Roedd Nick yn ei elfen yn yr awyr iach, ond fe gymerodd yn syth at wefr y frawdoliaeth yn y gegin. Aeth i Lundain, i westy'r Copthorne yn Kensington cyn mynd yn is-gogydd yng ngwesty Conrad, Hong Kong. Dychwelodd i Loegr – i Le Caprice ym Mayfair – cyn cael ei apwyntio'n ddirprwy gogydd ym mwyty'r Grosvenor yng Nghaer, yna'r Bath Priory a'r Royal Crescent, Caerfaddon.

Tra oedd yn brif gogydd yn yr Olive Tree, yng ngwesty'r Queensbury yng Nghaerfaddon, ysai am brofiad cwbl wahanol. Clywodd am gyfle yn Neuadd Llangoed ar gyrion Bannau Brycheiniog. Wynebodd ragbrofion di-ri, wnaeth barhau am chwe mis, cyn ennill swydd ei freuddwydion ger Llys-wen. Asiodd ei weledigaeth ef, i ddatblygu gardd gegin, â dymuniad tîm rheoli newydd y neuadd.

Mae'n anodd credu cymaint o waith a wnaethpwyd mewn pum mlynedd i adfer y gerddi Fictoraidd ysblennydd. Dechreuodd Nick wrth ei draed drwy glirio mynydd o rwbel ei hun, gan weld gwelliant graddol bob dydd. Heuodd hadau yn ffyddiog ond nid popeth a flodeuodd, fel y profodd â'i arbrawf cyntaf, india-corn. Ond darganfu ar dir Llangoed fod merllys hudolus Sir Faesyfed yn medru tyfu deuddeg modfedd mewn diwrnod! Erbyn hyn, mae Nick a'i is-gogydd Zac Henderson yn gadael i'r ardd arwain y fwydlen bob dydd.

Roedd ymrwymiad Nick Brodie i greu gardd hunangynhaliol yn ateb hefyd i broblem ymarferol; roedd dibynnu ar gyflenwyr o bell ymhell o fod yn ddelfrydol. Ar ben y ffrwythau, y llysiau a'r salad, ceir cwt ieir a llyn hwyaid a thŷ gwydr llawn perlysiau a blodau bwytadwy. Ceir hefyd gwt mwg, sy'n labordy i arbrofi â phethau fel y menyn cartref blasus a gaiff ei fygu yno.

Gardd furiog y berllan sy'n denu'r prif arddwr, Dan Weale, sydd wrth ei fodd â'r coed afalau yn eu blodau. A pha ryfedd, ac yntau'n magu ei foch ei hun ar ei fferm ym Mwlchytrawspen, Llanfaredd. Dim ond y saws afal gorau gaiff ei weini â'i gynnyrch yn y bwyty yn Neuadd Llangoed. Daw'r cig oen gan Paddy Sweeney, cigydd lleol yn Aberhonddu, tra bo'r cig eidion hynod flasus yn hanu o Henffordd.

I rai byddai safon y cynnyrch yn ddigon, ond un i oresgyn disgwyliadau yw Nick Brodie. Am £25 mae'r cinio chwe chwrs yn drysor cenedlaethol. Yn reiat o flasau a lliwiau a phatrymau, mae'n 'ardal o harddwch naturiol eithriadol' ynddo'i hun. Gallwn draethu am hydoedd am safon suddoedd y cigoedd, a does unman yn cynnig cystal gwledd i'r llygaid. Sut i gynnig wawffactor gyda chracyr tapioca, ac arno ferdys *(shrimps)* blas cyrri leim a mango? Gosodwch y cracyr inc sgwid ar lwyfan sgerbwd twrbot, i adael y gloddestwr yn gegagored mewn rhyfeddod. Neu beth am saig syml iawn o ffa a phys ffres? Crëwch nyth hardd o flodau a phestri gwalltangel *kataifi*, gan adael i flasau'r llysiau ganu fel cywion bach.

Ceir blas o'r Dwyrain Pell ar gig oen y gwanwyn, a gyflwynir ar ffurf rholyn Fietnam. Diflannodd mewn brathiad, yn ffrwydriad o brofiad, wrth gyfosod melyster brenhinllys â'r saws soi hallt. Yr un mor gyfoethog oedd cig eidion Swydd Henffordd, a gyflwynwyd gyda merllys a madarch siantrél. Yn olaf, ond nid yn lleiaf, dau bwdin goruchel – y naill yn felysgybolfa riwbob wedi'i haddurno â siocled gwyn a'r llall yn deisen fafon fawreddog.

Yn weinydd gwin heb ei ail roedd Chris Hughes o Lundain, sy'n bartner i'r *maître d'*, Trefor Squire. Symudodd y ddau i ardal Llys-wen chwe blynedd yn ôl, ac mae'r ddau yn dotio at rodio llethrau'r Mynydd Du. Tra oedd yn fyfyriwr yn RADA, bu Chris yn cydletya â'r Cymry Ioan Gruffudd a Matthew Rhys. Os oes amser, gadewch iddo'ch diddanu gyda straeon am ddoniau'r triawd wrth ffonio bwytai mawreddog yn dynwared pawb o Richard Burton i Anthony Hopkins.

Ond cyflwynwyd y cyfan gan y cogyddion eu hunain, gan ychwanegu blas personol i'r wledd yn Llys-wen. Mae Nick a Zac wrth eu boddau â'r penrhyddid i chwarae â chyfuniadau nas profwyd erioed o'r blaen. Efallai y byddai Escoffier a'i griw yn anghytuno'n llwyr, ond phalodd y meistr mawr hwnnw erioed ei fysedd yng ngwreiddiau dwfn Maesyfed. Daw'r fath hwyl o adnabyddiaeth dyn ohono'i hun ac o'i amgylchedd, ac yn ôl Nick, dyma'r dedwyddaf y bu erioed. Cymerwch ddalen o'i lyfr ac oedwch ar hyd eich llwybr, gan greu lle i ddod at eich coed yn Neuadd Llangoed.

Number Twenty One
Machynlleth

E rs rhai blynyddoedd bellach ar stryd fawr Machynlleth, mae pâr ifanc yn cenhadu dros y canolbarth. O ddanteithion afon Dyfi i gynnyrch Dyffryn Dysynni, blasau lleol a geir yn Bistro Twenty One. Ond os camwch dros drothwy'r bwyty bach cyfoes, fe brofwch uchelgais ehangach ar waith. Ceir silffoedd llawn llyfrau coginio o fri, o NOMA, Copenhagen i J. Sheekey a Hawksmoor yn Llundain. Ond pe bai'n rhaid i Sam Vaughan roi ei ben ar y bloc, amhosib fyddai dewis ffefryn. Yr hyn sy'n adrodd cyfrolau yw'r olion bysedd ar dudalennau beiblau cig St. John a Pitt Cue, Llundain.

Yn wreiddiol o Fachynlleth, daeth Sam yn gyfarwydd â byd bwyd wrth i'w fam weithio yn Milk Bar y dre. Yn bedair ar ddeg, dechreuodd olchi llestri yn nhafarn y Wynnstay, lle cwrddodd â Laura, gweinyddes o Amwythig. Yn raddol fe ddringodd Sam yr ysgol gan fod yn gyfrifol am y bwrdd caws, cyn manteisio ar hyfforddiant pellach yn y gegin. Tra oedd yno derbyniodd glod yn y *Times*, ddwy flynedd yn olynol, am bobi pitsa gorau Prydain. Yn dilyn blwyddyn yn Sbaen – lle ffolodd ar ffresni'r cynhwysion – dychwelodd i Gymru, i'r Orendy yn Aberystwyth. Symudodd y pâr dros y ffin i hogi'u sgiliau ymhellach yn The Armoury a thafarn y Lion & Pheasant yn Amwythig. Ond er mor braf oedd treulio amser gyda'r teulu yng Nghroesoswallt, dychwelyd adre oedd y bwriad o'r cychwyn cyntaf.

Cyn i'r ddau brynu'r adeilad ar Heol Maengwyn, cafodd y bwyty sawl bywyd blaenorol. Bu'n siop chwaraeon, yn oriel gelf ac yn wneuthurwr watshys, a cheir sôn fod ysbryd lodes yn llechu yno. Ond dydy'r pâr, sy'n byw i fyny'r grisiau gyda'u dau blentyn bach, ddim wedi gweld yr un wyneb dychrynllyd hyd yma. Yn wir, wynebau digon bodlon sy'n llenwi eu bwyty cyfoes, sydd yn gaffaeliad i sin fwyd Sir Drefaldwyn.

Cogydd digon diymhongar yw Sam yn y bôn, sy'n ei ddisgrifio'i hun fel cogydd 'pans, booze and butter' o'r hen deip. Golyga hynny, wrth reswm, fod pob gronyn yn llawn blas, ac apêl tu hwnt o boblogaidd. Mae lleoliad siop y cigydd, gamau'n unig i ffwrdd, yn rhodd i fusnes Sam a Laura. Sefydlwyd cwmni Wil Lloyd Williams gan ei daid yn 1959, ac mae'r bistro yn ffenest siop wych i'w gynnyrch yntau, o'r rymp cig oen a rhosmari i'r sgert cig eidion a weinir gyda sglodion euraidd. Beth am oedi am eiliad a gostwng y llais i efelychu'r Wyddeles Dervla Kirwan, cyn-lais hufennaidd hysbysebion M&S: 'caiff y sglodion eu ffrio deirgwaith mewn toddion hwyaden, a'u taenu â haenau o gloron a pharmesan'.

Cyn i chi gythru am y ffôn i archebu bwrdd ar unwaith, mae'n werth pwysleisio'r dewis danteithiol o seigiau llysieuol sydd ar gael. Dyma gogydd sydd wir yn malio am bleser pawb, ac ym Machynlleth ceir cwsmeriaid sy'n gwerthfawrogi arlwy go amgen. Ynghyd â'r *papardelle* madarch a'r *arancini* Cheddar Cymreig, mae risoto blasus ar gael bob wythnos o'r flwyddyn. Am flas gwahanol sy'n taro deuddeg ganol gaeaf, rhowch gynnig ar gwrs cyntaf y salad betys, a weinir â ricota cartref Sam ar y cyd â chnau Ffrengig melys.

Nac anghofiwch ychwaith blateidiau bychain i blesio'r plantos; mae pysgod a sglodion y fwydlen fach honno yn fythol boblogaidd. Ond does wybod pa bysgodyn fydd yn ffrio yn y badell tan y bydd y pysgotwr Dai Hughes, Aberdyfi, wedi galw. Onibai, wrth gwrs, fod yr heliwr Gareth Dixon ar ei ffordd o Lyn Clywedog gyda brithyll.

Annheg fyddai gadael heb flas bach o'r pwdinau, a rhaid canmol yr hufen iâ diliau mêl. Caiff ei gyflwyno'n aml gyda browni cyfoethog, ar y cyd â thryffls cartre Sam. Yr un apêl sydd i'r *crème brûlée*, yr hufen iâ cnau mwnci, a chrymbl mwyar ac afal o Benegoes. Bwyd cartre cyfoethog, wedi'i gyflwyno â chryn steil mewn bwyty dymunol dros ben.

Number Twenty One, 21 Heol Maengwyn, Machynlleth
SY20 8EB 01654 703382

Pysgoty

Aberystwyth

Mae wastad yn bleser darganfod bwyty bendigedig, un sy'n perthyn yn llwyr i'w fro. Ond pan fo lleoliad y bwyty hwnnw gan milltir o'ch cartref, daw teimladau annisgwyl i chwarae'u rhan, gan gynnwys eiddigedd pur! Dyna'n bendant a brofais innau pan gamais dros drothwy Pysgoty ar bnawn chwilboeth o Orffennaf yn 2015. Ro'n i eisoes wedi cael ar ddeall gan gyfeillion yn Aberystwyth fod ffenomenon ar waith ger Traeth y De. Ces fy nghyfeirio at leoliad y cyn-gyfleusterau cyhoeddus, oedd bellach yn fwyty cyfoes, poblogaidd. Wedi cinio rhagorol a phwdin arallfydol, doedd dim amdani ond neidio'n syth i'r môr. Ar bob ymweliad ag Aber ers hynny rwy'n neilltuo amser i bicio i Pysgoty, gan dristáu nad ydw i'n byw yn nes, bob tro.

Beth yn union sydd mor arbennig am fwyty bach fel Pysgoty? Mae'r ffaith nad oes unman arall tebyg yng Nghymru yn atyniad mawr. Mae'n ffrwyth dychymyg dau o'r ardal a synhwyrodd fwlch yn y farchnad, ac oedd yn fodlon chwyldroi eu bywydau er ei fwyn. Roedden nhw hefyd am greu rhywbeth a fyddai'n bendant at eu dant, gan resymu y byddai eraill yn siŵr o deimlo'r un fath. Diolch i'r nefoedd am y fath hyder a'r fath agwedd fentrus. Ond teg dweud i brofiadau'r ddau – wrth eu gwaith ac yn y gymuned – gyfrannu tipyn cyn hynny at eu penderfyniad i 'fynd amdani'.

Derbyn hyfforddiant ym maes coginio yr oedd Rhiannon Edwards o Flaen-plwyf, a thechnoleg gwybodaeth oedd byd Craig, ei gŵr, o Benrhyn-coch. Cafodd hithau ei chyfareddu yn y gegin yn blentyn yng nghwmni'i Mam-gu Penparcau, oedd yn bobydd o fri. Ei chyflwyniad i fyd gwaith oedd golchi'r llestri yng ngwesty'r Queen's, a leolid ar ben pella'r prom. Derbyniodd hyfforddiant pellach yn y Conrah a'r Harbourmaster, cyn mynd ati i reoli cegin Gwesty Cymru. Cafodd hefyd brofiad gwaith ym mwyty Tyddyn Llan ger Corwen, lle cynhaliodd Craig a hithau eu brecwast priodas – tipyn o newid o fan cyfarfod y ddau yng nghlwb nos Pier Pressure!

Dôi Craig, ar y llaw arall, o deulu a chanddo brofiad busnes, yn rhedeg caffi, parc gwyliau a thafarn yn Nhal-y-bont a Phontarfynach. Ond wedi blynyddoedd o deithio'n ddyddiol o Aber i Fachynlleth, penderfynodd

arallgyfeirio'n llwyr. Gwelodd ei gyfle i gael ei ailhyfforddi pan aeth siop bysgod Jonah's yn Aber ar werth, gan ddilyn cwrs ym marchnad fawr Billingsgate yn Llundain. Tua'r un adeg cynigiodd y ddau syniad ar gyfer Traeth y De, pan aeth cwt yr hen doiledau i dendr. Rhyfeddodd y ddau pan dderbyniwyd eu syniad am fwyty pysgod a fyddai'n chwa o awyr iach yn y dre.

Un o gyd-weithwyr Rhiannon yng nghegin Gwesty Cymru oedd Pawel Banaszynski, cogydd disglair o dre Opatówek yng Ngwlad Pwyl. Rhannodd Rhiannon eu gweledigaeth ag ef, ac aeth y ddau ati i hel syniadau; ymhen dim, roedden nhw wedi llunio eu bwydlen gyntaf. Yn ganolog i'r weledigaeth y mae pysgod a bwyd môr Ceredigion, ac enghraifft berffaith o hynny yw'r *bisque*. Dyma gawl pysgod cyfoethog a weinir â samffir, a bara o gaffi lleol Medina – dewis perffaith pan fo'r gwynt yn hyrddio'n wyllt tu fas.

Swnio'n syml? Wel, ydy a nacydy; mae nifer o'r Cymry'n orddibynnol ar gig, gan olygu fod seigiau pysgod yn ddigon i dychryn ambell un. Cymerwch y *ceviche* a'i flas leimsur, saig pysgod 'amrwd' sy'n deillio o Beriw, a ddaeth yn gynyddol ffasiynol dros y blynyddoedd diwethaf yn Llundain, a thu hwnt. Dysgodd aelodau tîm Pysgoty fod y saig yn apelio'n well o dan yr enw 'eog wedi'i gochi â sitrws'; bob tro y caiff ei hysbysebu ar y fwydlen mae'n profi'n llwyddiant mawr. Hefyd, gyda'r archfarchnad yn teyrnasu, ry'n ni gwsmeriaid wedi arfer prynu pysgod ffres o bob math trwy gydol y flwyddyn, tra bo Pysgoty – a siop bysgod Jonah's – yn cynnig y pysgod yn eu tymor. Golyga hynny, ym misoedd Ionawr a Chwefror, mai penwaig *(herring)* sy'n arwain y fwydlen, tra bo mecryll ar eu hanterth ganol haf. Cenhadaeth y tîm yw ceisio arwain, ac ailaddysgu a datblygu chwaeth newydd ar gyfer pysgod sy'n gynhenid i'r fro.

Ac ymateb yn syn i ofynion cogyddion Pysgoty wnaeth sawl pysgotwr lleol yn wreiddiol. Roedd Rhiannon a Pawel ar ben eu digon bob tro y clywid am helfa 'anghyffredin', fel siarc neu wyniad *(whiting)* neu lysywen fôr – pur anaml yr oedd galw amdanynt cyn sefydlu Pysgoty. Mae enwau o'r fath i'w gweld yn achlysurol ar fwrdd du y bwyty, ynghyd â chimwch a *sushi*, a Spaghetti Vongole blas cocos Bae Ceredigion. Ond mae 'na ffefrynnau, ac yn saethu'n syth i'r brig y mae'r cyrri maelgi blas Thai a gaiff ei weini gyda reis blas almwn ac – yn ddelfrydol – glasied oer o Muscadet. Mae'n ddewis amhosib wedi hynny rhwng y felysgybolfa boblogaidd a phwdin sy'n unigryw i Pysgoty. Mam Rhiannon yw pensaer y *streusel*, sef cacen ysgafn ac arni 'friwsion' blas riwbob, afal neu fwyar a *crème anglaise*.

Does dim byd i'w gymharu â'r pleser o giniawa yn Pysgoty, ac mae hynny i'w weld yn glir ar wynebau pawb. Dim ond lle i un ar bymtheg sydd yn y bwyty ei hun – gan gynnwys pedwar wrth y bar – a'r hyn sy'n wych yw'r môr o Gymraeg a glywir yno ar bob ymweliad. Daw pawb yn eu tro i dalu teyrnged i Pawel, gyda diolch, a ffarwél â gwên lydan. Dyna'r diolch gorau posib i weithiwr yn y gegin wrth wynebu diwrnod arall yn cenhadu ar Draeth y De.

Seeds
Llanfyllin

Ceir naws hyfryd o hiraethus ym mwyty Seeds yn Llanfyllin, ac mae'n bleser ei phrofi bob tro. Mae cael clonc gyda'r perchnogion am geginau o fri o'r gorffennol fel cynnal sgwrs â hen gyfeillion sy'n llawn hanesion. Y cogydd Mark Seager sydd wrth y llyw yn y gegin ers 1991, a'i wraig Felicity sy'n gofalu am y bwyty. Mae'r gair 'gofal' yn gwbl addas, gan fod Mark yn grediniol mai cysur y mae'r busnes yn ei gynnig yn y bôn.

Magwyd Felicity yn Newlyn yng Nghernyw, mewn cartref o'r enw Pen y Bryn. Roedd ei thad yn bysgotwr, a'i hoff flasau hi hyd heddiw yw pysgod ar yr asgwrn a chranc. Er mai o Yeovil yng Ngwlad yr Haf y daw Mark yn wreiddiol, fe'i magwyd yn Ilfracombe, gogledd Dyfnaint. Aeth i goleg arlwyo lleol yn Barnstaple cyn dechrau gweithio yn Llundain, yn y Café Royal. Wrth deithio i Lundain o'r de-orllewin un tro, dechreuodd sgwrsio â merch dlos yng ngorsaf Caerwysg. Felicity oedd honno – neu Felix iddo ef – ac roedd hi ar ei ffordd i ddechrau swydd newydd yn Kensington.

Tra bu Felicity yn hyfforddi gweithwyr mewn gwestai crand, profodd Mark agoriad llygad mewn cyfres o geginau mawreddog. Bwydodd frenin y byd lletygarwch, Rocco Forte, bob dydd fel prif weinydd y Café Royal. Aeth wedyn yn fwtler i reolwr y BCCI (Bank of Credit and Commerce International), gan olchi llestri ym mwyty Monkey's yn Chelsea fin nos. Fe'i hyfforddwyd yn glasurol i weini o'r dde a glanhau o'r chwith; daeth arlwyo i gannoedd o westeion yn ail natur iddo. Ond wedi profi'r wythdegau yn Llundain ysai'r ddau am newid byd, a dyna yn bendant a ganfu'r pâr yn Sir Drefaldwyn.

Mae gwreiddiau hynafol y bwyty yn tarddu o'r flwyddyn 1580, pan adeiladwyd bythynnod Pen-y-bryn. Bu carcharorion rhyfel yn byw yno yn ystod y ddeunawfed ganrif, a bu'n siop farbwr cyn troi'n fwyty llwyddiannus. Prynodd Mark a Felicity'r busnes gan Mr a Mrs Seed, cyn mynd ati i adfer yr hen adeilad. Yn addurno'r waliau brics cochion lleol y mae llu o ddarluniau llachar, a chofroddion gwahanol iawn o'r Dwyrain Pell. Mae mwgwd 'Horace' o Bali yn hawlio'i le uwchben y llawr llechi, gan wgu ar lun o Aberdyfi.

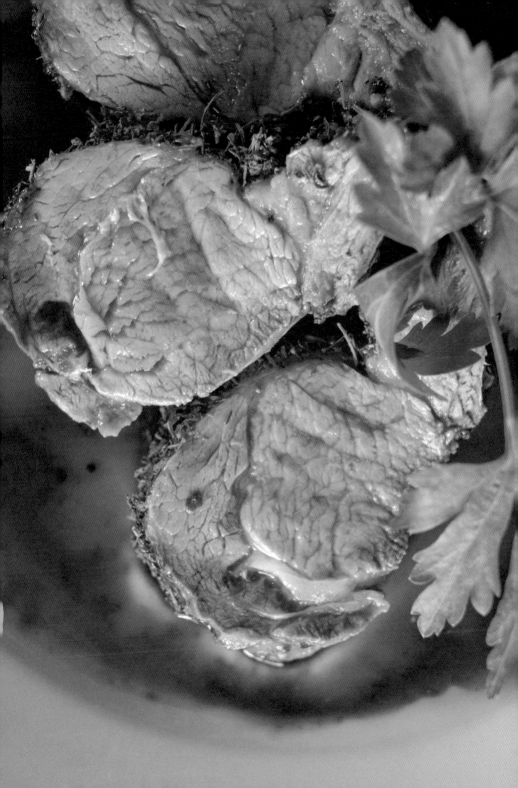

Yr un mor eclectig yw'r fwydlen ddyddiol sy'n asio'r lleol â'r rhyngwladol. Mor fychan yw'r bwyty, mae sawr y coginio'n taro'r ffroenau ymhell cyn i'r seigiau gyrraedd y bwrdd. Mae'r risoto madarch wystrys a *shitake* yn ddosbarth meistr mewn cynildeb, a'r cregyn bylchog wedi'u ffrio mewn saws tsili a leim yn clirio'r daflod o'r gwe pry cop. Clasur ar y fwydlen yw'r rhac cig oen a mwstard Dijon neu saws blas cwins. Peidiwch â chefnu ar Sir Drefaldwyn heb ei flasu!

Daw swmp helaeth o'r llysiau a'r perlysiau o ardd leol yn Llanfyllin, a ddatblygwyd gan gwsmer ffyddlon iawn. Bob dydd Iau, ar ddiwrnod marchnad, fe ddaw Derek a'i fan bysgod – er mawr bleser i Felicity mae'r sardîns o Gernyw yn boblogaidd ar y fwydlen. Ond daw'r cig i gyd gan y cigydd Pete Tomlinson, sydd â'i ladd-dy ei hun gyferbyn â'r bwyty.

Amhosib yw gadael y bwyty heb bwdin yn y bol, a chlywed rhagor o hanesion Llundain. Os byddwch yn ffodus cewch gwrdd â'r mab, Oscar Indiana – Cymro Cymraeg sydd bellach yn 'gamer' adnabyddus, Armadon2000! Ond ymhell o ruthr y rhithfyd, ceir byd o bleser yn Llanfyllin. Wedi gwibdaith o flasau, annisgwyl mewn mannau – fel saws *kohlrabi* a phomgranadau – paratowch am flas llawn cysur o gegin eich hen neiniau ar ffurf tarten driog a hufen. Tra blasus!

Seeds, 5–6 Pen-y-bryn, Llanfyllin, Sir Drefaldwyn SY22 5AP 01691 648604

Y Talbot

Tregaron

Fe ges i un cwestiwn yn gyson ar hyd y daith hon: beth am dafarn fwyd â thanllwyth o dân? Lle sydd orau i gael peint a phryd da o fwyd, cwmnïaeth y Cymry, a'r teimlad fod popeth yn iawn? I fod yn blwmp ac yn blaen mae gen i gynigion di-ri, ond i ateb y cwestiwn, a hwnnw'n un teg, mae 'na un man sydd yn saethu i'r brig.

Boed yn noson hydrefol neu'n wledd ganol haf, mae bwyd y Talbot, Tregaron yn wych. Cefais stecen odidog yno droeon gyda glasied o win yn y cwtsh hyfryd ger y tân. Ond beth sydd mor arbennig am brofiad o'r fath? Mae'r gyfrinach aur yn brysur yn y gegin! Wrth holi am gyngor gan ddau gwsmer lleol ger y bar, roedd un ohonynt yn bendant iawn – 'Ma' *pork belly* ffein y jiawl 'ma,' meddai yntau. 'Mochyn amdani!' oedd ymateb ei ffrind. Fel y gŵyr pawb yn lleol mae 'na feistr yn bresennol, yn cynnig y gorau i bawb sy'n croesi trothwy'r Talbot.

Un digon tawedog yw'r cogydd Dafydd Watkin, sydd bron yn ddeugain, ac yn dod yn wreiddiol o Gaerdydd. Ar ôl disgleirio ar y maes rygbi derbyniodd ei addysg yng Ngholeg Millfield, ond byd coginio a aeth â'i fryd. Dechreuodd ym mwyty Le Cassoulet, Pontcanna, yna mynd ymlaen i'r Celtic Manor, cyn treulio pymtheng mlynedd wyllt yn Llundain. Fel nifer o gogyddion o'i genhedlaeth ef, trysorai Dafydd hen gopi o *White Heat*, cofiant cythryblus y meistr Marco Pierre White. Bu yntau'n fòs ar Dafydd mewn bwytai di-ri – Mirabelle, Criterion a Quo Vadis yn eu plith. Erbyn diwedd ei gyfnod yn y ddinas fawr ddrwg roedd yn brif is-gogydd (neu'n *premier sous-chef*) yng nghegin anferth y Ritz.

Daeth Dafydd yn ôl i Gymru yn 2010, gan ddilyn gwreiddiau John ei dad i Geredigion. Gyda'r teulu o Ffair-rhos, clywyd newyddion cyffrous – roedd tafarn y Talbot ar werth. Aeth John i bartneriaeth gyda Mick a Nia Taylor, gyda'r bwriad o adnewyddu'r hen dafarn o'r seler i fyny. Cymerodd y gwaith hwnnw amser maith, ond un flaenoriaeth oedd gan Dafydd – dod â safonau uchel Llundain yn ôl i Gymru. Golyga hynny mai sail y grefi yw stoc clasurol esgyrn llo, sy'n ffrwtian am ddeunaw awr ar y berw. Ond mae hefyd yn

Y TALBOT · TREGARON SY25 6JL ·

Y TALBOT

TREGARON

01974 298208   info@ytalbot.com   www.ytalbot.com

credu'n gryf ym mantra ei gyn-fentor – dim ond tri chynhwysyn sydd eu hangen i ragori mewn gwirionedd.

A sôn am gyhwysion, gyda siop gigydd Gary Jones dafliad carreg o'r dafarn does dim angen crwydro'n bell am safon. Er, wedi dweud hynny, daw'r pwdin gwaed gorau o Landdewibrefi! Mae tafarn y Talbot yn ffenest siop wych i gynnyrch lleol Ceredigion, o ddŵr Tŷ Nant o Fethania i gwrw Mantle, Aberteifi, Caws Teifi, Llandysul a chaws Hafod, Llangybi.

Cofiwch, mae gan Dafydd ei safonau – pan ddechreuodd, cychwynnodd chwyldro; diddymodd *lasagne* oddi ar y fwydlen a hynny er mawr sioc i bawb. Mae e wrth ei fodd â physgod a sglodion, ond nid penfras yw ei ffefryn. Mae lleden goch (*plaice*), meddai, yn llawer mwy blasus, felly dyna, o bryd i'w gilydd, fydd ar gael yn y bwyty. Ond nid oes dadlau â'r cwsmeriaid pan fyddant yn sglaffio ei bwdinau; y ffefryn o bell ffordd yw'r desien gaws banana.

Tafarn gynnes, gymunedol ydy'r Talbot yn y bôn, a lluniau'r plant lleol o'r eliffant chwedlonol sydd uwch y bar. Os na chlywsoch chi erioed am y stori honno mae'n werth cael clonc â Dafydd Wyn Morgan, arweinydd Twm's Treks, wrth y bar. Yn wir, mae croeso i blant a pherchnogion cŵn – a'u hanifeiliaid, sydd i'w canfod o flaen y tân. Tafarn i borthmyn oedd y Talbot yn wreiddiol, ac felly mae'n addas ei bod yn atynnu cerddwyr hyd heddiw, â Chors Caron a Soar-y-mynydd gerllaw.

Yn bendant, does dim rheswm i Dafydd ddifaru troi ei gefn ar Lundain fawr, nawr fod ganddo ef a'i bartner Tracy – cyn-weinyddes yn y Ritz – gartref gerllaw. Mae'r cydbwysedd yn llesol, a'r pleser o weini'r gorau o Geredigion wrth y bar yn ddihafal.

Ynyshir

Eglwys-fach

Y gred gyffredinol am fwytai 'crand' yw mai'r un cynhwysion sy'n bresennol bob tro: seigiau bychain, llieiniau gwynion, staff ffroen-uchel, naws ormesol, a thaith i McDonald's cyn troi am adre i lenwi'r bol. Er bod hynny, yn amlach na pheidio, ymhell o fod yn wir, mae'n ddigon i ddychryn nifer rhag profi pryd o fwyd o fri.

Wel, rhowch y rhagfarnau hyn oll i'r neilltu ar gyfer ymweliad ag Ynyshir; does dim bwyty tebyg ar y blaned. Byddwch chi, mae'n siŵr, fel finnau, wedi pasio'r arwydd yn Eglwys-fach rhwng Caffi Cletwr a Dyfi Jyncsiyn ar yr A487. Efallai, yn wir, i chi fod yno lawer gwaith i sawru blas o'r oes a fu. Bu'n gyrchfan ar gyfer sawl gwyliau i'r Frenhines Fictoria, ac yn batrwm o blasty gwledig Cymreig am amser maith.

Ond ers dwy flynedd a mwy mae'n gyrchfan i hipsters y byd bwyd, ac yn gyfrinach flasus iawn i'r 'rhai a ŵyr'. Ei leoliad anghysbell yng ngogledd Ceredigion sydd i gyfri am hynny, meddai rhai, gan gynnig dihangfa o'r byd go iawn. Ceir sôn fod y rocar Robert Plant yn gwsmer cyson amser cinio, ac yntau'n byw gerllaw yng Nghwm Einion. Ond seren fwya'r sioe, heb os nac oni bai, yw gweledigaeth y cogydd Gareth Ward.

Yn wir, dyfarnwyd ef eleni yn Gogydd Gorau Gwledydd Prydain gan feirniaid The Good Food Guide. Ar ben hynny, cyrhaeddodd y bwyty rif 5 ar eu rhestr o fwytai gorau gwledydd Prydain 2019. Ac nid ar chwarae bach mae cynnal seren Michelin am bum blynedd yn olynol, a chipio pum rhosyn AA a Chroeso Cymru. Wedi cyfnod o lynu at arlwy clasurol a bwydlen draddodiadol, daeth tro ar fyd pan fu farw'r cyn-berchennog Joan Reen yn 2016. Yn sgil hynny, cododd y cyfle i'r prif gogydd ddilyn ei reddf a gwireddu ei weledigaeth ei hun ar gyfer Ynyshir.

Wrth yrru'n hamddenol tuag at yr encil gwledig hwn, does dim smic o'r chwyldro cogyddol a gynhaliwyd yma. Mae trydar adar a'r muriau gwynion yn cynnig croeso pur heddychlon, a mwg tân y fynedfa braf yn cynhesu'r galon. Ond wrth groesi rhiniog y bwyty fe ddaw'n amlwg iawn i bawb – nid plasty cyffredin bellach mo Ynshir.

Tatŵs, cnu gwlân a choctel o Siapan, a phenglog gafr a'm croesawodd i yno. Gwelais gwlffyn o foi â ffedog a phen moel, a'i freichiau'n ddwy lawes liwgar o groenluniau; ges i sioc ar fy nhin i ddeall mai dyma'r dyn ei hun, a gipiodd wobrau lu i Gymru.

Yno i'm cyfarch roedd Amelia Eriksson, cymar y cogydd Gareth Ward a rheolwraig y bwyty, sydd hefyd yn bensaer a chanddi wreiddiau dwfn yng Ngwlad yr Iâ. Cynigiodd fodca a thonic â blas newydd i mi – fodca V Aberhonddu a surop dail shiso (sydd rywle rhwng mintys a brenhinllys), a blas sitrws ysgafn bara caws y gog, neu *wood-sorrel*. Tyfir deiliach gwinau shiso ar dir ir Ynyshir, fel y rhan fwyaf o'r cynnyrch llysieuol a weinir yn y bwyty.

Yr atyniad at y tir a'r môr sy'n tanio coginio Gareth Ward – dyn dŵad, fel y dywed ei hun, o dŷ cyngor yn Swydd Durham. Ond blas, yn fwy na dim, ydy'r brenin yn y gegin, a'r pleser o weithio'n glòs â chig a'i fraster. Ac er bod pwyslais ar fforio yn Ynyshir, does gan y cogydd ddim amynedd â'r arddull elfennol 'Nordig Newydd'; dyw pridd, meddai ef, yn blasu o ddim byd, a does dim pleser mewn pryd o fwyd heb halen a phupur.

Blasau byw a brofais i ar fy ymweliad ag Ynyshir, blasau bywiog i ddeffro'r tafod yn ddi-baid. Wnes i ddim ymchwilio o gwbl i'r arlwy o flaen llaw, gan fwynhau'r elfen o syrpréis oedd yn nodweddu'r fwydlen flasu dros ginio hamddenol. Dechreuwyd â bara surdoes a 'menyn' diferu, neu *dripping*, cig eidion Wagyu gan Ifor Humphreys o Aber-miwl; tylinir ei fuches lwcus ef â chwrw Monty's o Drefaldwyn. Dwysáu wnaeth dylanwad blasau Siapan â chawl nionyn chwerwfelys; cafwyd chwa o *umami* gan sawsiau *miso* a *dashi*, ar y cyd â llysiau môr Ynyslas. Sôn am dynnu cefnfor cyfan o donnau o'r dannedd – fydd yr hen chwarennau saleifa byth 'run fath. . . Gyda 'ngheg yn glafoerio, cyflwynwyd macrell wedi'i ffrio gyda salsa ysgawen a mefus; cyfuniad arall i ddatod y daflod a chodi'r to.

Wedi hynny, cyrhaeddodd y nesaf peth i amoeba hardd ar blât; corwynt o ramant rhwng meipen a chranc, a bach o sbeis gan bersli môr Bae Ceredigion. Yna, yn wir, yr uchafbwynt i mi: hwyaden ac eirin hallt y dychwelwn i'r bwyty i'w brofi eilwaith fory nesa. Fe'i rhostiwyd mewn halen garlleg cyn ei bereneinio mewn shiso a soi. Wrth grensian y croen gyda'm llygaid ar gau, cyrhaeddais y nesaf peth at ennyd o *zen*.

Ar ben popeth, faint o weithiau y clywch chi'r frawddeg hudolus: 'Dyma'r cyntaf o'ch pwdinau heddiw'? Digon yw dweud na phrofais i'r un *tiramisu* tebyg o'r blaen, na chwaith yr un pwdin taffi gludiog. Caiff y ddau eu cyflwyno wedi'u datgymalu'n llwyr; tipyn o hwyl, wrth geisio adnabod y blasau unigol. Ar ben hynny, mae'r fwydlen win yn atyniad ynddi'i hun, ac mae'n bosib profi blas o bob potel fesul gwydraid. Parwyd y Pinot Noir ysgafn o Fwrgwyn (Morey-Saint-Denis Dujac Fils& Père, 2014) i'r dim â blasau dwys yr hwyaden hynod, ond dyrchafwyd y wledd gan awgrym olaf o Siapan, sef *sake* eirin *umeshu*.

Daw pleser ychwanegol o gyflwyniad pob saig; nid yn unig gan y cânt eu gweini gan y cywion-weinyddion, sy'n gydgyfrifol am fforio'r cynhwysion, ond hefyd oherwydd y 'llwyfaniad' ar lestri'r artist Sarah Jerath, ac ar fyrddau derw'r saer coed lleol Jason Lewis. Crëir y platiau a'r dysglau o gerrig Nant Einion, a lludw coed derw Ynyshir. Daw'r cyfan ynghyd i ddatgelu haenau cudd o dirlun Ceredigion.

De-Orllewin

'Mae'n ddihangfa wych i ymwelwyr o bell,
ac yn harbwr diogel i bobol y fro.'

Beach House

Oxwich

Roedd Saesneg Hywel Griffith yn 'gwbl drychinebus' pan gafodd waith yng nghegin y Lanesborough yn Belgravia, Llundain yn ddeunaw oed. Ac roedd gweithio, a theithio, yng nghwmni pobol o bob lliw a llun hefyd yn sioc aruthrol i'r system i'r hogyn o Pesda. Ond ei fagwraeth Gymraeg, yn pysgota am eog a sewin gyda'i dad, oedd yr hyn a'i rhoddodd ymhell ar y blaen i'w gyfoedion.

Yng nghegin parc carafannau yr Ogwen Bank y cafodd Hywel ei flas cyntaf o goginio. A thra oedd yn cael ei hyfforddi yng Ngholeg Menai ym Mangor cafodd waith yn y Cockle Shell ym Miwmares, a greodd argraff bellach arno yn ei arddegau. Doedd dim ofn gweithio arno, a phan brynodd ei gar cyntaf â'i gynilion cynnar yno, profodd ganlyniadau ei lafur caled drosto'i hun. Sylwodd ei athro Roger Williams ar dalent Hywel o'r cychwyn, a dyna a'i hysgogodd – wedi derbyn caniatâd ei rieni – i'w yrru i lawr i Lundain ei hun.

Rhwng oriau estynedig y Lanesborough a'r awr o daith adre bob nos ar y tiwb, dim ond pump awr o gwsg fyddai Hywel yn ei gael, ond fel y dywed ei hun, 'un fel'na ydw i erioed'. Wedi dringo ysgol brofiad yno am dair blynedd, symudodd i'r Grosvenor yng Nghaer at Simon Radley. Fel gêm o *snakes and ladders* mewn fforrdd bu'n rhaid dychwelyd i lawr i'r 'haen isaf', ond ymhen dwy flynedd roedd yn ddirprwy i Raymond Booker, prif gogydd y gwesty. Yno, meddai, y dysgodd wir ystyr y geiriau 'fine dining' a'r pwyslais ar gynnyrch o'r safon uchaf. A diolch i esiampl Simon Radley dysgodd nad oes pwrpas gweiddi a rhefru, a bod agwedd yn fwy gwerthfawr na gallu yn aml fel aelod o dîm.

Dysgodd ragor wrth dreulio tair blynedd ym mwyty Ynyshir, a thra oedd yno cipiodd y bòs, Shane Hughes, seren Michelin. Apwyntiwyd Hywel wedi hynny yn brif gogydd Longridge – sef bwyty Paul Heathcote yn Preston – cyn symud i dafarn fwyd arobryn y Freemasons yn Wiswell. Cafodd alwad diddorol gan Neil Kedward a Zoe Agar o fwytai'r Grove yn Arberth a Coast yn Saundersfoot. Derbyniodd 'gynnig amhosib ei wrthod' i sefydlu bwyty

newydd sbon yng Nghymru – a hynny er mawr ryddhad i'w rieni! Ac wedi cyfnod maith o ddilyn cwysi cogyddion eraill daeth cyfle, o'r diwedd, i roi ei weledigaeth ei hun ar waith.

Coginio i'r safon uchaf yw prif ddiddordeb Hywel mewn bywyd, yna pysgota, a hela am geirw. Fel prif gogydd bwyty Beach House yn Oxwich, mae gweithio am gant awr yr wythnos bob haf yn ail natur iddo. Bydd yn hapus i ymlwybro yno ar ei ddyddiau 'i ffwrdd', yng nghwmni Buckley, ei gi defaid Almaenig. A phan ddaw'r awen heibio am dri o'r gloch y bore aiff i'r gegin, ar ei union, i greu.

Dyna, yn rhannol, sydd yn egluro llwyddiant aruthrol y bwyty ers ei agor yn 2016. Gyda Hywel wrth y llyw o'r cychwyn cyntaf cipiodd y bwyty wobrau lu, teitl Bwyty Gorau Cymru ar gyfer 2018 gan gwmni AA yn eu mysg. Yn bendant, mae'n werth teithio i'r lleoliad pellennig ar Benrhyn Gŵyr, yn un o 'ardaloedd o harddwch naturiol eithriadol' Cymru. Ac os nad yw hynny yn ddigon i'ch denu, yna ystyriwch hyn o ddifrif; byddai'n well gan ei fam yrru am bump awr i dde Cymru na gyrru am ddwyawr i ogledd Lloegr.

Mae Hywel yn ei elfen ym mhob tymor o'r flwyddyn, boed law neu hindda. Pan fo'r tonnau gwyllt yn taro mae'r bwyty'n hafan glyd, a ganol haf mae'r ffenestri ar agor led y pen. Anaml y daw cawod eira i darfu ar yr hwyl, ond yn gynharach eleni aeth Hywel â'i ysgub i gyrion Castell Oxwich i glirio'r ffordd i'r cwsmeriaid penderfynol. Mae cadw'n heini'n ffordd o fyw ers iddo golli wyth stôn – mae'n seiclo'n gyson ac yn rhedeg gyda Buckley, ei ffrind mawr ffyddlon.

Wrth ymlwybro trwy'r brwyn at lan y môr, mae'r cynnyrch i'w ganfod o'ch cwmpas. Ymhell ar y gorwel gwelir gychod Paul a Jim, sy'n cyflenwi cimwch ffres Bae Oxwich. O ystad Penrhys y daw llawer o'r llysiau, a'r perlysiau â'u henwau hardd. Gwneir defnydd o ddail ceiniog (*pennywort*), sêr y morfa (*sea aster*), a'r llygwyn llwydwyn (*sea purslane*) – sydd ymhell o fod yn llipryn llwyd! Daw'r garlleg gwyllt i'r adwy dros fisoedd garw'r gaeaf, tra ceir lluniaeth â llawenlys (*borage*) dros yr haf.

Mae'r thema'n parhau wrth i chi fynd i mewn i'r gofod pren golau, a addaswyd o hen gwt glo. Ceir sbrigyn o rosmari mewn gwydr ar bob bwrdd, gamau'n unig o lan y môr. Mae'r fwydlen yn gweddu i'r lleoliad i'r dim, a cheir pwyslais ar flasau lleol a gwreiddiol. Ceir ennyd i oedi i ddweud gras o flaen bwyd, pan gyflwynir y bara beunyddiol. Daw'r dorth bara lawr mewn clamp o flwch pren *zen*, â gorchudd carreg las o fynyddoedd y Preselau.

Esblygodd y fwydlen gryn dipyn ers agor y bwyty, ar ben y newid naturiol bob tymor. Does dim byd gwell gan Hywel ei hun na stecen llygad yr asen a sglodion, ond hen ffarweliwyd â'r ffefryn hwnnw am nad oedd modd sicrhau safon gyson. Yn hytrach, saig boblogaidd yw'r bol porc a phinafal, o fferm Tŷ Siriol ym Mhontarddulais. Ceir blasau sydd fymryn mwy lleol, fel merllys fferm Manselfold, Llanrhidian (a weinir â sewin o afon Tywi), a hyd yn oed paned 'Beach House' gan gwmni Coffi Gŵyr.

Ond os oes arnoch awydd blas o Foelyci, archebwch y parseli pasta *agnolotti* wedi'u llenwi â chaws dafad meddal Brefu Bach, Tregarth. Ac mae Hywel o ddifri ynghylch ei rôl fel llysgennad dros bysgod gwahanol, gan ganu clodydd y chwitlyn glas (*pollock*). Mae'n eithriadol o falch bod cwsmeriaid wedi'i ddilyn ar hyd y daith, ac wrth ei fodd yn eu gweld yn ymddiried yn ei chwaeth.

Ond mae 'na un saig boblogaidd na chaiff fyth ei diddymu, a'r *soufflé* bara brith ysblennydd yw honno. Fe'i cyflwynir ar y cyd â hufen iâ *lapsang souchong*, ac mae'n gyfuniad sydd yn wreiddiol a chwbl wefreiddiol. Dyma un o'r seigiau hynny a'i deffrodd am dri y bore, a'i yrru yn syth i'r gegin i arbrofi. Does dim rhyfedd ei bod yn ffefryn ar y fwydlen. Hiraeth am adre sy'n eich taro chi gyntaf yn arogl y sbeis cymysg a'r cyrains duon. Ond o'i gyfosod â blas myglyd – ar ffurf rewllyd – y te, ceir cip o'r dyfodol ar waith. Amheuthun yn wir yw'r 'hufen iâ poeth' sy'n denu cenhedlaeth newydd o ymwelwyr i Fae Oxwich.

Ymhlith y rheiny y mae dau sy'n teithio'r holl ffordd o Fethesda i ymfalchïo yn llwyddiant eu mab. Y mae'r pleser ar eu hwynebau yn werth y byd i Hywel, sydd wrth ei fodd pan fydd y bwyty'n llawn Cymry Cymraeg. Yn bendant, ceir digon ohonom sydd wedi pererindota i Benrhyn Gŵyr, yn groes i'r hyn a ragdybiwyd gan rai – sef na fyddai bwyty mewn man mor ddiarffordd byth yn llwyddo. Profodd y cogydd Hywel Griffith nad 'tŷ ar y tywod' mo Beach House Oxwich; ewch i brofi'r seiliau cadarn drosoch eich hun.

The Grove

Arberth

Er mai'n gymharol ddiweddar yr agorwyd The Grove, ger Arberth, bu'r adeilad yn atyniad i ymwelwyr ers canrifoedd. Codwyd y tŷ hir gwreiddiol yn ystod y bymthegfed ganrif yn gartref i feili Dinbych-y-pysgod a'i deulu. Fe'i hetifeddwyd gan Daniel Poyer yn 1677, a gododd gartref crand drws nesaf yn arddull Jacobeaidd y cyfnod. Yna yn 1874, fe'i hehangwyd unwaith eto gan John Pollard Seddon, pensaer oedd yn perthyn i'r mudiad dylunio 'arts and crafts'.

Ceir tystiolaeth y bu'r adeilad yn arhosfan ar hyd Llwybr y Marchog i deithwyr oedd ar bererindod i Dyddewi. Erbyn hyn, mae'n cynnig lloches i deithwyr, o bell ac agos, fel bwyty a gwesty mwyaf chwaethus Sir Benfro. Bu'n adfail am rai blynyddoedd, cyn i Neil Kedward a Zoe Agar weld y potensial ar ymweliad â'r teulu yn 2007. Enillodd The Grove wobrau lu ers iddo agor yn 2010, gan gynnwys tri rhosyn AA i'r bwyty. Yn sgil y sêl bendith honno aeth y ddau ymlaen i agor bwyty Coast yn Saundersfoot yn 2014, a Beach House, Oxwich ar Benrhyn Gŵyr yn 2016.

Felly beth sydd mor arbennig am fwyty'r 'fam-westy', a ddenodd gymaint o glod ers ei sefydlu? Yn un peth, fe'i lleolir mewn ardal hyfryd tu hwnt, rai milltiroedd o dre farchnad fywiog Arberth yn ne Sir Benfro. Pan gyrhaeddais yno ganol gaeaf, roedd y berllan wedi ei fframio i'r dim gan enfys ddwbwl ogoneddus yn y nen. Pe na bai'r profiad hwnnw'n ddigon, fe'm hudwyd ymhellach i 'Fyd Oz' Sir Benfro gan ginio Sul gyda'r gorau erioed.

Daw'r dewin yn y gegin o Whitstable yng Nghaint, ac fe'i trwythwyd mewn dulliau coginio traddodiadol. Hyfforddwyd Allister Barsby yn Gidleigh Park dan adain Michael Caines – y cogydd arobryn sy'n llywio Palé Hall, ger Llandderfel, erbyn hyn. Bu Allister yno am wyth mlynedd, ac fel prifgogydd am dair blynedd, cyn cael ei hudo i The Grove yn 2016. Mae ei arddull glasurol yn asio'n berffaith â naws y bwyty urddasol. Ceir awyrgylch rhamantus i'r stafell fawr foethus, gyda'r tân agored a'r canhwyllau ynghyn. Gallai'r gwynt a'r glaw ruo o'r Preselau i'r gogledd, ond mae 'na gysur yn perthyn i'r gwasanaeth cyfeillgar sydd yn gweddu i'r dim.

Ers cyrraedd The Grove mae'r cogydd wrth ei fodd yn gwneud defnydd o gynnyrch yr ardd gegin, sy'n deillio'n wreiddiol o'r ailganrif ar bymtheg. Tyfir llysiau a ffrwythau ac amryw berlysiau – yn wir, ceir dros saith deg o fathau gwahanol. Ond caiff hefyd gryn bleser o dreulio amser gyda'r fforiwr lleol, Yun Hider o Hendy-gwyn ar Daf. Ceir cyfleoedd gwych gerllaw i hela am fwyd gwyllt; mae Coed Canaston yn ferw o fadarch yn eu tymor.

Seren y fwydlen cinio Sul yw cig eidion y Gwartheg Duon Cymreig. Caiff ei halltu am ddeugain niwrnod gan Eynon's yn Sanclêr, a'i gyflwyno â choron euraidd o bwdin Efrog. Ond fel rhan o'r pryd tri chwrs ar brynhawn dydd Sul, ceir cyfle i sawru arbenigedd y cogydd. Un o'i seigiau clasurol yw'r macrell wedi'i ffrio, a ddaw o farw'n fyw ar dafod â chwa o wasabi. Ac i bwdin, yn bendant, ewch am y *parfait* banana a gyflwynir, ar ffurf gwobr, mewn pelen siocled. Cyfosodir y blas cyfoethog â melyster hufen iâ caramel, *gel* leim a briwsion crenslyd cnau mwnci.

Gogoneddus yw'r unig air i ddisgrifio gwledd fawreddog o'r fath; yr unig ffordd i ragori ar hynny yw dychwelyd i brofi'r fwydlen flasu. Fe heriwn i Dorothy ei hun i droi am adre i Kansas ar ôl profi nad oes unman yn debyg i'r Berllan.

La Calabria

Ffostrasol

Ceir perthynas arbennig rhwng yr Eidalwyr a'r Cymry, ac mae hynny yn bendant i'w brofi yn La Calabria. Nid yn heulwen de'r Eidal y lleolir y *trattoria* teuluol, ond yn nyfnderoedd cefn gwlad Ceredigion. Mae canfod y bwyty hudolus ar fferm Rhydgoch, i'r de o Ffostrasol, yn antur ynddo'i hun. Ond coeliwch chi fi, mae'n werth pob troad anghywir i ganfod bwyty sydd â chryn hanes – a sawl cymeriad.

Tony Vasami, yn wreiddiol o fferm gyfagos Hill View, sy'n rhedeg y bwyty gyda'i rieni, Gino a Grace. Tan 2003 bu'n rhedeg bwytai ledled de Lloegr, cyn cael galwad gan ei dad i ddod adre. Roedd angen cymorth arno i odro'r gwartheg, ond gallai Gino weld yn glir nad oedd calon ei fab mewn amaethyddiaeth. Penderfynwyd arallgyfeirio gan ddatblygu hufen iâ, neu *gelato* Eidalaidd, cyn gwerthu'r fferm i godi bwyty ar dir cyfagos. Ym mis Tachwedd 2007 agorodd y bwyty o'r diwedd, yn gweini seigiau o ranbarth Calabria – 'blaen troed' yr Eidal. Yn feistres yn y gegin y mae Grace – mam Tony – er bod pawb yn cynorthwyo â'r dyletswyddau dyddiol. Er bod Gino yn dal i ffermio mae e hefyd yn plicio'r tatws a thorri'r nionod – a phigo'r perlysiau o'r ardd. Tony sy'n estyn croeso ger y stondin *gelato*, ac ef yw ceidwad y porth i hanes y teulu hynod.

Wrth sgwennu'r geiriau hyn gallaf sawru saws tsili llawn llysiau a phasta cartref Grace Vasami. Mae'r stori'n pontio degawdau o waith caled a llafur cariad, a ddechreuodd yn ystod yr Ail Ryfel Byd. Wedi'i gipio yn Tobruk yng ngogledd Libya cafodd y milwr ifanc, Antonio Vasami, ei gludo i Lerpwl, yna ymlaen i Ddyffryn Teifi. Tra oedd yn garcharor rhyfel yn Henllan bu'n gweithio'n galed ar ffermydd lleol, gan greu argraff fawr ar ambell un o'r trigolion. Pan ddychwelodd i'r Eidal ar ddiwedd y rhyfel dechreuodd hiraethu am fywyd yng Nghymru. Perswadiodd Maria, ei wraig, i ddod 'nôl gydag ef – roedd Gino, eu mab, yn bedair oed ar y pryd. Ymhen tipyn, gyda chymorth ffrindiau prynwyd fferm da godro ddeunaw acer Hill View – mae'r diolch yn fawr hyd heddiw i Deio Davies, Capel Iwan.

Ond â Gino yn enedigol o dre Cirò ym mryniau Calabria, bu'n rhaid iddo

yntau ddychwelyd i'r Eidal ar gyfer ei wasanaeth milwrol. Tra oedd ar ymweliad â thre glan môr Cirò Marina islaw'r mynyddoedd, syrthiodd mewn cariad â merch leol; ymhen amser, fe briododd Gino a Grace. Fel ei dad gynt, ysai Gino i ddychwelyd 'adre' i Gymru ond bu'r addasu yn brofiad anodd ar y naw i Grace, a hiraethai yn arw am ei chynefin. Ymgolli yn y gegin oedd ei hymateb ymarferol, a chafodd gymorth amhrisiadwy gan Maria – mam Gino, a 'Nonna' Tony– a rannodd ryseitiau di-ri â hi.

Coginio gonest a greddfol sy'n nodweddu ei harddull hi; coginio cartref gwerinol, 'helpwch eich hun'. Ymysg y seigiau teuluol hynny y mae hi'n giamstar arnyn nhw mae Spesadine di Carne (sy'n cyfuno cig eidion, cig oen a chig mochyn gyda gwin a llysiau, a thatws rhost blas garlleg a rhosmari), a *tagliatelle* llysieuol blas tomato, ffa a chorbys. Pan ymwelodd y Prif Weinidog, Carwyn Jones, â La Calabria ar ei wyliau archebodd blatiad o *pasta Aglio e Olio*, saig dwyllodrus o syml – pasta ac olew olewydd, garlleg a tsili, sy'n mynnu'r cynhwysion gorau posib i greu perffeithrwydd ar blât.

Mae'r teulu yn gwneud cymaint o ddefnydd â phosib o gynnyrch y fferm, o'r cigoedd i'r caws gafr a'u ricotta eu hunain. Salamis poeth cartre sydd i'w canfod wedi'u sleisio ar y Pizza Calabrese, ac am flynyddoedd maith bu Grace yn cynhyrchu ei gwin ei hun. Roedd agor bwyty Eidalaidd yn nyfnderoedd cefn gwlad yn dipyn o sioc i'r gymdogaeth i ddechrau, ond fel dywed Gino, 'y bobol leol sy'n cadw ni fynd'. Maen nhw'n dotio at y *lasagne* a'r Pollo Marsala, ynghyd â Linguine Vongole a'r hen ffefryn Spaghetti Bolognese. Yn bwdin, beth well nag *affogato* neu *tiramisu*, ond ymysg plant y *gelato* blas *bubblegum* sy'n mynd â hi.

A sôn am blant, mae 'na Maria fach arall ar fferm Rhydgoch erbyn hyn; pasta tomato yw hoff saig merch fach Tony, sydd bellach yn wyth oed. Bydd hithau hefyd yn picio i'r gegin at ei 'Nonna' Grace i roi help llaw yn achlysurol, gan barhau â'r traddodiad o ddathlu bwyd da sy'n cynnal eu teulu dedwydd.

Llys Meddyg
Trefdraeth

B ob bore Llun yn Nhrefdraeth mae marchnad ffermwyr Heol y Farchnad dan ei sang. Gamau'n unig o siop gigydd Glyn Davies saif Nathan Richards o Lwyndafydd yn gwerthu llysiau fferm organig Troed y Rhiw. Nid nepell i ffwrdd, yn nes at afon Nyfer, mae tîm Llys Meddyg eisoes ar eu traed. Caiff pwdin gwaed a chig moch Glyn Davies ei sglaffio'n awchus ben bore gan westeion sy'n mwynhau'r brecwast blasus. Wedyn, rhaid trafod cynlluniau'r fwydlen fin nos, ond cyn hynny gweinir cinio'r staff. Yn amlach na pheidio bydd llysiau Troed y Rhiw yn rhan o'r wledd deuluol honno.

Mae'n gyfle i Louise ac Ed Sykes, a Cecilia ei fam, diwnio i mewn i anghenion pawb, gan fod ethos go wahanol ar waith yma. Er ei fod yn westy bwtîc *chic* ers ei sefydlu yn 2003, y mae hefyd yn gartref, o fath, i bawb sy'n gweithio yno. Dyna gyfrinach Llys Meddyg, coetsiws hardd o'r cyfnod Sioraidd a fu'n gartref i feddyg y pentre glan môr. Mae'r un gofal i'w ganfod wrth i bawb groesi'r rhiniog, a chroeso i bawb ddiosg eu sgidiau wrth y drws.

Mab fferm o Gwm Wyntell, Treletert, yw Ed, a ddyfeisiodd beiriant i waredu gwm cnoi o balmentydd Llundain. Daeth Louise i Sir Benfro o Gateshead yn wreiddiol, pan symudodd ei mam y teulu i Nine Wells ger Solfach, cyn priodi'r arlunydd lleol, Peter Daniels. Ymgollodd Louise yn llwyr yn ogofâu Porth-y-rhaw a llongddrylliadau traeth Aber Llong, wrth i John Knapp Fisher ac eraill alw heibio stiwdio'r cartref. Ond i'r brifysgol yn Llundain yr aeth hithau wedi hynny, ac yna treulio blwyddyn yn byw ym Mheriw. Daeth y ddau ar draws ei gilydd yn nhafarn y Coach House yn Abergwaun, a bu'r pâr yn byw yn Llundain cyn hel eu pac. Y bwriad oedd teithio'r byd, ond roedd gan ffawd gynlluniau eraill ar eu cyfer wrth iddynt sylwi ar hen westy gwely a brecwast oedd ar werth yn Nhrefdraeth.

Wedi blwyddyn o nythu ac addasu, agorwyd bwyty llawn tirluniau lleol Peter Daniels. Agorwyd hefyd y bar lawr staer, sydd yn fwyty hamddenol braf yn ogystal. Yn wir, rhwng y clustogau carthenni a fflamau'r tân mae'n hafan glyd yn seler y gwesty. Yr atyniad mawr i ymwelwyr y bwyty yw'r poteli amryliw sy'n ymestyn ar hyd y bar. Ynddynt oll y mae creadigaethau Victor, o

Bucharest, sef rheolwr y bwyty a'r bar. O'r jin teim a rhosmari i'r fodca erwain a fala surion mae yno lu o flasau ffres o'r ardd. Wastad ar gael y mae coctels tymhorol, fel Gin Fizz ffigys, i ddechrau noson dda. Ceir hefyd flasau lleol cwrw Mantle o Aberteifi a rŷm sbeislyd o Ddoc Penfro, Barti Ddu.

Wrth darllen y fwydlen, byddai'n bendant yn werth ystyried archebu'r eog wedi'i fygu. Nid pysgodyn cyffredin mo hwn gan y caiff ei fygu yn y cwt yn y cefn, sef safle busnes newydd y teulu, y Smokehouse. Caiff y darnau trwchus orengoch eu gweini gyda saws wystrys a dil, ar y cyd â deiliach llysiau'r môr. Mae Johnny, sydd wrthi'n cynorthwyo yn y gegin, wrth ei fodd yn hela bwydydd lleol, a'r un mor hapus yn fforio yn ei *wetsuit* neu ei wellingtons.

Gweinir rymp cig oen y Preselau (gan gigydd Eynon's, Sanclêr) gydag wylys *(aubergine)* a dail letys Little Gem, cyn ei daenu â finegr balsamig. Gallwch archebu llysiau rhost, a'r 'tato newi' traddodiadol, ond rhowch gynnig ar y cyfuniad chwerwfelys, ffres, sy'n dafnio ar y tafod. Mae'r pwdinau yr un mor ddyfeisgar, gan gyflwyno cyfuniadau anarferol. Cymerwch y *meringue* oren mandarin gydag 'eira' siocled tywyll – wir, cymerwch lwyaid dda, wnewch chi ddim difaru! Yna, yr hyn a gynigir gyda 'tharten' afal a charamel pob yw sorbet *crème fraîche* a deiliach mân suran y coed.

Trefnwch fwrdd ar gyfer eich swper, neu ginio dydd Sul, a weinir yn yr ardd gegin dros fisoedd yr haf. Ond neilltuwch awr dda i fynd am dro i lawr i Parrog neu'r Traeth Mawr lle cewch chwa go lew o awyr iach. Yno hefyd, wrth grwydro'n ôl tuag at y gwesty hyfryd, fe sylwch ar gynnyrch ffres y fro, o'r mwyar duon a'r eirin tagu i'r defaid a'r gwartheg sy'n pori ar y clytwaith o gaeau ger Carn Ingli. Rhwng y tir a'r môr a'r gwaith celf a'r bwyd, a llafur y cogydd, y cigydd, y pysgotwr a'r ffermwr, yr hyn sydd i'w glywed ym mwyty heddychlon Llys Meddyg yw curiad calon cyson y Preselau.

Llys Meddyg, Stryd y Dwyrain, Trefdraeth, Sir Benfro, SA42 0SY 01239 820008

Y Polyn

Nantgaredig

Beth, feddyliech chi, fyddai'r cam nesaf mwyaf naturiol yng ngyrfa beirniad bwytai o fri – un a deithiodd gryn bellteroedd, gan fyw o'i siwtces am gyfnodau hir a gloddesta ym mwytai gorau gwledydd Prydain? Mae'r ateb i'r cwestiwn hwnnw i'w gael yn Sir Gâr, ar gyrion pentre gwledig Nantgaredig. Bu i'r Albanwr Mark Manson – awdur canllawiau rhosynnau AA – agor tafarn Y Polyn yn 2005, gan ei thrawsnewid yn gyrchfan fwyd o fri. Ar y cyd â'i wraig Susan, a Simon a Maryann Wright, cododd broffil rhanbarthol Dyffryn Tywi.

Treuliodd flynyddoedd ei yrfa flaenorol yn archwilio hanfod 'ymdeimlad o le', gan ddatgloi hefyd gyfrinachau lu am yr hyn y mae pobol wir yn dyheu amdano mewn bwyty. Un o'r profiadau mwyaf cofiadwy a gafodd erioed oedd bwyta langwstîns ffres yn yr Altnaharrie Inn, ar lan Loch Broom yn Ucheldiroedd yr Alban. Wrth brynu hen dafarn Y Polyn synhwyrodd deimlad nid annhebyg, sef fod gwledd i'w chanfod, ym mhob ystyr, yn Sir Gâr.

Bymtheng mlynedd yn ddiweddarach dydy e – na Susan – erioed wedi difaru cymryd y fath gam. Yr hyn a'u hatynnodd oedd 'hud' yr hen dafarn, oedd cyn 2003 yn fwyty aruchel, goruchelgeisiol; credai'r criw newydd yn gryf mai bwyd cartrefol a dirodres oedd ei angen ar y fwydlen. Gyda Susan a Maryann yn gyfrifol am y gegin aethpwyd ati i chwyldroi disgwyliadau, gan wneud cinio dydd Sul yn ganolog i'w gweledigaeth.

Cipiodd y bwyty wobr 'Cinio Sul Gorau' ddwy flynedd yn olynol yng nghylchgrawn bwyd yr *Observer* – a chael ei ganmol i'r cymylau gan neb llai na'r beirniad Jay Rayner, sy'n snobyddlyd iawn am Gymru. Cyflwynwyd syniadau oedd yn chwyldroadol ar y pryd, fel gweini bara surdoes ffres o'r popty. Hawdd ystyried syniadau felly yn elfennol erbyn hyn, ond ar y pryd peth estron iawn oedd 'tafarn fwyd'. Yn fwy na hynny, tafarn fwyd â chryn dipyn o chwaeth, oedd yn dathlu cynnyrch syml y fro – fel sewin ac eog o afon Teifi, ham Caerfyrddin, a chig oen Sir Benfro a Phenrhyn Gŵyr.

Chwe blynedd ar ôl i'r bwyty agor, yn 2011, gadawodd Simon a Maryann

i ddatblygu prosiectau eraill; Sosban, Llanelli yn gyntaf, a Danteithion Wright's, Nantgaredig, cyn symud i Lanarthne, gerllaw. Ond 'yma o hyd' y mae Susan a Mark, gyda'r bwyty'n parhau i greu argraff dda – fe'i dewiswyd gan ddarllenwyr y *Good Food Guide* yn fwyty gorau Cymru 2012. Ac yn cynorthwyo Sue yn y gegin mae'r cogydd Phil Leach, sefydlydd bwyty arobryn Slice, Abertawe.

Ond bu'r bwyty yn fwy na dim ond busnes am gyfnod hir; yn wir, bu'n gartref i'r ddau, ac i'w merch fach. Ac er mai byw yng Nghaerfyrddin y mae'r tri erbyn hyn, awyrgylch cartrefol sydd i'w ganfod ger y bar. Mae casgliad bwydlenni Mark – o'i ddyddiau fel beirniad bwyd – yn ennyn chwilfrydedd gan gwsmeriaid sy'n loddestwyr o fri. Ac mae digon o'r rheiny yng Nghymru erbyn hyn, diolch i'r Polyn a'i efelychwyr lu. Yn boblogaidd ger y bar mae jin gwymon Dà Mhìle, cwrw Boss o Abertawe, a chwrw IPA Felinfoel. Mae Penderyn ar gael os ydych am flasu wisgi brag sengl, ynghyd â ffefrynnau Mark, i gyd o ddistylltai Speyside.

Un o'r seigiau mwyaf poblogaidd ar y fwydlen erioed yw cawl pysgod ysblennydd Sue. Fe'i gweinir mewn cryn steil gyda chaws Gruyère a saws *rouille* o Provence; bu'n un o berlau ymchwil dwys y gyfrol hon! Ond un uchafbwynt o blith nifer ydy'r saig eithriadol honno; ymysg ei chystadleuwyr ffyrnicaf ar restr y cyrsiau cyntaf mae'r pen mochyn sawrus, a'r salad cathfôr *(skate)*. Mae meintiau'r seigiau'n hael dros ben, felly neilltuwch amser i fwynhau eich hun. Difaru wnewch chi fel arall, a byddai'n bechod peidio gwneud cyfiawnder â'ch prif gwrs. Mae'r rymp cig oen yn fendigedig, a dewis gwin Mark – y Primitivo coch o'r Eidal – yn taro'r nod.

Her a hanner yw wynebu'r pwdinau yn dilyn gloddest o'r fath. Ond sôn am gasgliad o ddanteithion, fel ffatri losin Willy Wonka! Yn ddelfrydol, byddwch mewn cwmni go sylweddol i bawb gael profi blas o bob dim. O'r darten driog neu'r cwstard wy a *panacotta* hufen Sir Gâr hyd at Knickerbocker Glory riwbob a chwstard. . . mae'n ddewis anodd ar y naw. Am ddiweddglo sydd fymryn yn fwy sawrus, beth well na thriawd o gawsiau Cymreig? Daw'r drindod hon o Geredigion a Phenfro, sef Hafod o Langybi, Cenarth Aur a Pherl Las.

Ond os ydych chi wir mewn cyfyng-gyngor, gadewch i mi fod o gymorth; ewch am dro unigryw Y Polyn yng nghwmni'r pei *meringue*, sy'n cynnwys *parfait* ceuled lemwn perffaith. Blas cwbl anfoesol, ond arbennig o dda – ac onid dyna paham fod bwytai yn bod o gwbl? I gynnig profiad trosgynnol mewn awyrgylch cartrefol, a hynny mewn cwmni da. Os byddwch mor ffodus â chael cwmni difyr Mark ei hun, efallai y gall rannu gyda chi gyfrinachau – ac anturiaethau lu – beirniad bwytai o fri.

The Shed
Porth-gain

Roedd Caroline Jones yn gegrwth pan enillodd wobr Bwyty Pysgod Gorau Cymru yn 2010. Cafodd gymaint o fraw nes iddi faglu ar y llwyfan yn syth i freichiau cyflwynydd adnabyddus. Roedd ei hymateb yn nodweddiadol o'i hagwedd tuag at ei bwyty, a fu'n gynhaliaeth iddi hi a'i theulu ers 2001. Gwreiddiau syml sydd i'r Shed ar y cei ym Mhorth-gain, ar arfordir gogleddol Sir Benfro.

Fe agorodd yn gyntaf ar ffurf tŷ te, yn gweini sgons a brechdanau cranc. Roedd hi'n fam i bump o blant ac yn briod â Rob, un o bysgotwyr y glannau – fel ei gyndadau – ym Mhorth-gain. Argyfwng ariannol oedd y sbardun i'r fenter fawr, mewn cyfnod tywyll yn hanes diweddar Cymru. Cafodd yr ardal ei heffeithio'n ddifrifol gan y clwy traed a'r genau, a bu ond y dim iddynt fynd yn fethdalwyr. Eu hateb i'w hargyfwng oedd sefydlu busnes bach yn cynnig mordeithiau o'r harbwr ar gwch Rob. Prin iawn roedden nhw'n sylweddoli'r fath lwyddiant oedd yn eu disgwyl ar y gorwel, fel perchnogion bwyty poblogaidd tu hwnt.

Fe'i lleolir yng nghysgod hanes diddorol Porth-gain, a brofodd ffrwydriad o weithgaredd yn y bedwaredd ganrif ar bymtheg. Yn wreiddiol, cludwyd llechi i harbwr Porth-gain ar reilffordd o Abereiddi; wedi hynny, cynhyrchwyd brics yn yr odyn drws nesaf i'r Shed, a gâi eu storio yn yr hopranau uwchlaw'r porthladd cyn eu hallforio. Llwythwyd y cychod trwy lithrennau a gyrhaeddai ymyl y porthladd; storfa beiriannau oedd y Shed ar un adeg.

Twristiaeth sy'n denu'r ymwelwyr i'r pentre erbyn hyn, gan fod Porth-gain ar Lwybr Arfordir Cymru. Atynnwyd cymaint i'r tŷ te nes y bu'n rhaid ehangu'r fwydlen i gynnwys pysgod a sglodion a seigiau bwyd môr. Ymestynnwyd yr oriau agor i gynnig bistro ffurfiol fin nos, ac erbyn hyn mae'r fwydlen yn cynnig blas o bob dim. Gyda chynnyrch mor ffres a lleol, o'r pysgod ffres i'r 'tato newi', chewch chi mo'ch siomi ar ymweliad â'r Shed.

Yn bendant, mae cranc Porth-gain yn atyniad ynddo'i hun, boed ar ffurf brechdan neu oddi ar y fwydlen à la carte. Caiff cranc y fwydlen honno ei

ddarnio'n bentwr trawiadol a'i weini gyda iogwrt coriander ac olew dil. Ar ddiwrnod braf yn yr awyr iach, does dim byd tebyg wrth wylio'r cychod ar y cei. Os oes arnoch chwant diod i weddu i'r blasau, estynnwch am lasied o win gwyn sych – un o'r goreuon, o ardal y Loire, yw'r Muscadet.

Ceir yma wastad ddewis o seigiau llysieuol, fel cyrri corbys a thatws melys. A cheir blas o gig lleol fel eidion wedi'i rostio mewn cwrw Bluestone o bentre Cilgwyn. Ond sêr y fwydlen, yn naturiol, yw'r pysgod ffres a'r bwyd môr, ac mae'r cregyn gleision wastad yn taro tant.

O blith y pysgod poblogaidd, mae'r cegddu mewn cytew cwrw (swigod ysgafn Carlsberg yw cyfrinach Caroline) yn cynnig blas bendigedig, ar bob ymweliad. Ond mae'r dewis yn helaeth, o hadog a phenwaig i gynffon maelgi – neu am flas dwysach ewch am yr eurgefn (*John Dory*). Ond rhaid gwneud lle i bwdin gwych – tarten gnau Ffrengig Caroline ei hun â saws menyn caramel a wisgi Penderyn. Cymaint yw'r galw amdano fel bod rhaid ei archebu o flaen llaw. Ac os na fydd tafell ar ôl cewch gopi o'r rysáit, dim ond i chi gyfrannu punt i achos Ymddiriedolaeth y Pysgotwyr.

Serch natur anffurfiol y bwyty, gyda'i lieiniau siec coch a gwyn, mae 'na falchder mawr ymysg aelodau'r tîm ifanc yn yr hyn a gynigir yno trwy'r flwyddyn. Mae'r acenion i gyd yn lleol a phawb yn rhannu dyletswyddau, gyda Helen o Groes-goch yn groesawraig gampus. Daw Kevin y cogydd ar y bws o Abergwaun, yn barod bob bore i wynebu pentwr o grancod. Golchi'r potiau y mae Jamie, ond mae hefyd yn pysgota fel aelod o griw Rob ar y môr. Y mae Caroline, yn swyddogol, wedi ymddeol erbyn hyn, ond anodd ar y naw yw cadw draw. Mae'n lle gwallgo o boblogaidd dros yr haf, ond cystal, os nad gwell, yw ymweld ganol gaeaf – mae'n ddihangfa wych i ymwelwyr o bell, ac yn harbwr diogel i bobol y fro.

The Shed, 56 Heol Llanrhian, Porth-gain, Hwlffordd
SA62 5BN 01348 831518

Slice
Abertawe

Tanwydd yn unig oedd bwyd i Chris Harris ac yntau'n blentyn yn Abertawe. Roedd selsig, wy a sglods yn drît go iawn i'r bachan o Benlan. Felly pan aeth ati i bobi cacen sbwng yn yr ysgol yn un ar ddeg mlwydd oed, profodd gymaint o falchder nes penderfynu yn y fan a'r lle: 'Dyma hoffwn i ei wneud am byth.' Mae e bellach yn gyd-berchennog ar fwyty bychan Slice, un o berlau sin bwytai Abertawe.

Roedd pleserau pobi'n ddylanwad cynnar ar Adam Bannister hefyd, ei gyd-gogydd o Ben-clawdd. Yn wreiddiol o Swydd Gaerwrangon, mae'n cofio edmygu dawn ei nain wrth iddi bobi tarten jam bob dydd Sul; 'Bwyd syml ac elfennol oedd o safon uchel iawn,' meddai Adam, wrth dorri tomatos yn y gegin. Gellid defnyddio'r un geiriau i ddisgrifio bwydlen Slice, sy'n newid yn llwyr bob saith wythnos. Mae cwsmeriaid lleol mor awyddus i flasu pob saig fel eu bod yn archebu byrddau fisoedd lawer o flaen llaw.

Daeth y ddau i adnabod ei gilydd tra oedden nhw'n fyfyrwyr yng ngholeg arlwyo lleol Tŷ Coch. Ac er iddyn nhw gael profiadau amrywiol cydweithiodd y ddau droeon, cyn dod 'adre' i redeg busnes yn Abertawe. Golchi llestri yn nhafarn y Blue Anchor, Llanrhidian, oedd swydd gyntaf Adam, a Neuadd Sgeti oedd meithrinfa gynnar Chris. Aeth Adam i weithio i fynyddoedd yr Alpau gan ffoli ar sin fwyd Turin, wrth i Chris aros yng Nghymru i fwrw'i brentisiaeth ym mwytai Y Polyn a The Grove.

Adunwyd y ddau yng nghegin Stephen Terry yn The Hardwick, ar gyrion y Fenni. Rhannai'r ddau lifft bob dydd â Jamie O'Leary (bwyty JOL's), gan fagu hyder wrth gystadlu â'i gilydd. Bu Adam yno am ddwy flynedd, tra arhosodd Chris am dair, gan ffoli ar ansawdd y cynnyrch. Yna yn 2014 cododd cyfle i'r ddau i gymryd awenau busnes yn Abertawe. Sefydlwyd bwyty Slice yn wreiddiol yn 2007 gan Phil Leach a'i ddyweddi Helen. Creodd y bwyty cymunedol argraff fawr yn syth gan ennill gwobrau cenedlaethol, ond yn 2014 penderfynodd y perchnogion arallgyfeirio'n llwyr, gan drosglwyddo'r awenau i Adam a Chris.

Nid ar chwarae bach y mae gwneud buddsoddiad o'r fath. Gwerthodd

Adam ei gar a threfnu benthyciad banc; trodd Chris at ei gariad Lindsay am ganiatâd i fuddsoddi blaendal eu cartref cyntaf yn y busnes. Mae'r tri yn cydweithio ers 2014, gyda Lindsay yn croesawu'r cwsmeriaid a rheoli'r bwyty. Wrth sbecian trwy'r ffenest ar y cogyddion yn y gegin, ceir ystyr newydd i 'fwyd y stryd'. Gellir gweld y ddau yn glir o'r palmant tu fas, cyn croesi'r rhiniog ac esgyn y grisiau at y bwyty. Mae 'na hwyl fawr i'w chael wrth glustfeinio ar y ddau yn eu ffatri greadigol. Does dim rhyfedd fod y trigolion lleol mor driw i Slice, gyda'r ddau wedi'u gwreiddio yn eu cynefin.

Mae'r naill a'r llall yn angerddol am gynnyrch o'r radd flaenaf, ac nid o reidrwydd – ar hyn o bryd – o'u milltir sgwâr. Mae'r ddau wrth eu boddau â chig oen o Benrhyn Gŵyr, a merllys o fferm yn Llanrhidian. Ond cysondeb sydd flaenaf yn Slice bob tro, sy'n egluro pam y daw'r cig eidion Wagyu o Aber-miwl. Bu'n rhaid aros am fisoedd eleni am sewin o afon Teifi, gan fod pob 'tymor' yn amrywio'n flynyddol erbyn hyn. A siomwyd Adam yn ddirfawr pan gaewyd fferm ffrwythau lle bu'n pigo mefus ers pan oedd yn blentyn. A phan ddaeth busnes wyau i ben yn ddirybudd ym Mhen-clawdd, rhoddwyd y farwol i gwstard euraidd Chris dros dro. Mae hyn oll yn egluro, i raddau, yn ôl y ddau, un diffyg mawr a fu yn Abertawe tan yn ddiweddar. Wrth i drigolion golli cysylltiad â'u cynhyrchwyr lleol, diflannu wna'r parch at 'werth' bwyd.

Mae'r tri yn prisio'u seigiau yn ofalus iawn, gan gynnwys y fwydlen flasu am saith cwrs. Mae'r pris wedi ei seilio ar yr hyn maen nhw yn medru ei fforddio am brofiad tebyg ambell waith, a hyd yma mae'r cwsmeriaid wrth eu bodd. Uchafbwynt yn bendant yn ystod y gwanwyn oedd salad cranc, afocado a melon dŵr. Ysbrydolwyd y cyfuniad gan saig a brofodd Adam ar ymweliad ag Amsterdam. Wrth arbrofi am hydoedd trawodd ar alcemi pur, gan adael i Chris gerflunio'r cyflwyniad cain. Dilynwyd hynny gan bwdin gwirioneddol fendigedig – un o'r harddaf a brofais ar hyd y daith. Dylai fod yn anghyfreithlon chwalu darn o gelf o'r fath – *meringue* lemwn a hufen iâ lemwn a *verbena*. Yr 'eisin ar y gacen' oedd y coronau bach melys, oedd yn adleisio miri'r losin Midget Gems.

Mae oriau agor y bwyty – o ddydd Iau tan ddydd Sul – yn adlewyrchu awch y tri am fywyd, ynghyd â gyrfa, yn Abertawe. 'Ar y gorau, bydd cogydd wastad dan bwysau,' meddai Adam yn blwmp ac yn blaen – yn ariannol, o ran staffio, mân-werthwyr anwadal, heb sôn am yr oriau maith. Ond mae cleber y cwsmeriaid, a'r hwyl yn y gegin, yn werth pob dropyn o chwys i'r ddau; galwedigaeth yw coginio i Chris ac Adam wedi'r cyfan, ac nid gwaith. Yn y bôn, yr hyn y mae'r tri wrth eu boddau yn medru ei gynnig yw sleisen o syndod yn Sgeti.

Slice, 73–75 Heol Eversley, Sgeti, Abertawe SA2 9DE
01792 290929

Sosban

Llanelli

Creodd Sosban argraff fawr pan agorodd y bwyty yn 2011; addaswyd hen dŷ pwmpio Doc Gogleddol y dre yn ofod anhygoel o hardd gan ddatblygwr lleol, Robert Williams o Fynyddygarreg. Denwyd sylw ehangach i'r bwyty gan enwogrwydd ei bartneriaid, Dwayne Peel a Stephen Jones o dîm rygbi'r Scarlets. Gwnaeth Sosban gymwynas fawr â thre Llanelli, gan ddenu canmoliaeth arbennig am greu a chynnal 'ymdeimlad o le'. Ar y waliau brics cochion arddangoswyd celf Mike Jones o Bontardawe yn goffa da am arwyr tawel ledled cymoedd y de, gyda'r glowyr a'u hysgwyddau llydan yn llenwi'r lle.

Yn wir, mae ysgwyddau llydan yn angenrheidiol yn y busnes lletygarwch – wrth wynebu beirniadaeth a mynd ati i geisio plesio pawb. Wedi dechrau'n bur lwyddiannus â gweledigaeth hynod chwaethus, arweiniodd arbrawf aflwyddiannus wrth ganolbwyntio ar fyrgyrs at uchelgais newydd sbon. Yn 2017 trodd y cwmni at gogydd gwobrwyol a chanddo agwedd danbaid ac angerddol at ei alwedigaeth; cofiwch yr enw Andrew Sheridan, da chi.

Er mai un o Lerpwl ydyw'n wreiddiol, treuliodd Andrew benwythnosau ei blentyndod gyda'i nain a'i daid yng Nghaerwys yn Sir Fflint cyn i'r teulu symud i Iwerddon, i County Meath. Derbyniodd ei addysg yn yr iaith Wyddeleg a dechreuodd ymddiddori go iawn ym myd bwyd, dan ddylanwad rhaglenni'r cyfnod fel *Ready Steady Cook*. Yna pan oedd yn bedair ar ddeg mlwydd oed symudodd y teulu i Fae Colwyn, lle ddechreuodd weithio yn nhafarn leol Pen-y-Bryn. O'r fan honno, aeth ymlaen i'r Groes Inn yng Nghonwy, a arweiniodd at gyfle amhrisiadwy yng ngwesty ABode yng Nghaer. Datblygodd Andrew yn seren ddisglair dan arweiniad ei fentor Michael Caines, a chipio teitl cogydd gorau gogledd-orllewin Lloegr yn 2011 ac yntau ond yn bedair ar hugain mlwydd oed.

Wedyn bu'n llywio cegin Seiont Manor, Llanrug, a Phlas Rhianfa, Ynys Môn, cyn derbyn gwahoddiad gan Ganolfan Bwyd Cymru, Bodnant i lywio ei fwyty ei hun, Andrew Sheridan at The Loft. Yna, rai misoedd cyn dathlu ei ben-blwydd yn ddeg ar hugain oed yn 2017, derbyniodd wahoddiad i neidio

i'r Sosban yn Llanelli. Ac yn 2018 cafodd y fraint o gynrychioli Cymru ar y rhaglen deledu *Great British Menu* ar BBC2, ar y cyd â Chris Harrod (The Whitebrook).

Ar y naill law mae anwybodaeth am fwytai Cymru yn ei yrru'n benwan, ond ar y llall mae'n ei yrru ymlaen i gyrraedd y brig. Ei gyfrinach yw ei chwilfrydedd ac mae ei egni'n ddiddiwedd; mae ei arlwy cyffrous yn adlewyrchiad o'i natur ef ei hun.

Os nad ydych chi wedi mentro i'r Sosban ers tro byd, rhowch gynnig ar fwydlen flasu arloeswr o fri. Mae ganddo dîm cwbl ffyddlon ers blynyddoedd maith, ac yn y gegin ceir cryn ddyfeisgarwch ar waith. Ar y silffoedd ceir poteli a jariau di-ri o gynhwysion lleol yn piclo ac eplesu. A glywsoch chi erioed am hufen iâ gwellt? Neu fara tatws a chafiar? Dyma gyfle i arbrofi – a mwynhau.

Mae'r cig eidion Wagyu o Aber-miwl yn gyflwyniad ardderchog, ond flasais i erioed ddim byd tebyg i'r macrell wedi'i ffrio, a gyflwynir gyda hufen iâ dil. Gallaf synhwyro rhai ohonoch yn troi eich trwyn at gyfuniad o'r fath ond coeliwch chi fi, mae'r blas yn gwbl ysgubol. Cynnyrch y garddwr Medwyn Williams o Lanfairpwll yw'r dewis cyntaf bob tro ar gyfer llysiau, ond cig moch Mangalica Hwngaraidd o Swydd Efrog sydd yn rhagori ym marn ddiflewyn-ar-dafod Andy. Pwy ydw i i ddadlau ag ef? Mae'r cig yn toddi ar y tafod, gyda saws pwdin gwaed a betys mwg cyfoethog.

I orffen, beth am flas o un o atgofion cynharaf y cogydd sef pwdin reis ei nain, Nurse Onions, o Allerton yn Lerpwl? Bu hithau'n ddylanwad anferth ar y bachgen ar ei brifiant, ac mae blas y pwdin yn cyfleu 'bwyd cysur' i'r dim. Oedwch am eiliad i ystyried yr hufen iâ gwellt; blas grawnfwydydd brecwast sydd flaenaf, a chroen caramel y pwdin yn gweddu i'r dim â blas afal, sy'n hyfryd o hydrefol.

Does dim dwywaith amdani – mae yma uchelgais ar waith, sy'n cyfateb i'r gofod anferth, urddasol. Mae'r croeso'n un cyfoes yn Sosban Llanelli, ond cysgodion atgofion sy'n cydio yn eich calon.

The Art Room

@Castell Malgwyn, Llechryd

Pan brynodd Chris a Nicky Mason-Watts hen westy ar gyrion Llechryd, etifeddwyd hunllef PR go iawn. Yn 2013, darlledwyd rhaglen deledu yn datgelu tensiynau mawr rhwng y gwesty a'r gymuned leol. Asgwrn y gynnen oedd penderfyniad y cyn-berchnogion i newid yr enw Castell Malgwyn i Hammet House, ar ôl perchennog gwreiddiol yr adeilad a'r gweithfeydd tun lleol, Benjamin Hammet, a ddaeth i'r ardal o Wlad yr Haf ar droad y ddeunawfed ganrif. Aeth pethau o ddrwg i waeth gan arwain at arwerthiant yn 2017, a phennod newydd yn hanes y tŷ crand.

Wrth fynd â'u cŵn am dro ger eu cartref yn Llandysul, yr un cwestiwn oedd gan bawb i Nicky a Chris: 'Ydych chi am adfer yr enw gwreiddiol, Cymraeg?' O dderbyn cadarnhad cafwyd ochenaid o ryddhad a'r un sylw oedd gan bawb – 'Diolch byth am 'ny'. Wedi'r cyfan, bu'r 'castell' yn Llechryd wrth galon y gymuned, yn gyrchfan amlwg ar gyfer ciniawau priodas a phartïon pen-blwydd. Bu adennill ymddiriedaeth y trigolion lleol yn ganolog i weledigaeth y ddau.

Y cam cyntaf i'w gyflawni oedd trawsnewid y gegin yn llwyr a chyflogi gweithwyr lleol. Mae un o'r rheiny, Hedydd Davies, yn groesawraig heb ei hail; yn wir, ar droad 2018 daeth y ferch o Fridell i'r brig am ei sgiliau croesawu yng ngwobrau Cymdeithas Goginio Cymru. Yn y gegin mae Teifi, a Ryan o Gilgerran, yn cynorthwyo'r prifgogydd Cornel Uys. Daeth yntau i Lechryd o westy Ardanaiseig ar lan Loch Awe yn Ucheldiroedd yr Alban; fe'i hudwyd yno gan ei gariad, Carys, sy'n wreiddiol o Lanybydder,ac mae'r ddau yn byw yn lleol gydag Eli eu mab.

Cof cyntaf Cornel yw cael coflaid gan ei nain wrth iddi bigo perlysiau yn yr ardd. Hyd heddiw, mae arogl teim yn ei gipio'n syth yn ôl i'w lencyndod cariadus yn Ne Affrica. Ond wedi degawd yn yr Alban yn defnyddio cynnyrch o fri, mae'n rhyfeddu nad yw bwyd o Gymru yn hawlio'r un sylw. Mae'n dotio at gynnyrch Dyffryn Teifi, a thu hwnt, gan wneud defnydd cyson iawn o Gaws Cenarth. Mae ei salad Perl Las a ffigys a betys yn blatiad hardd sy'n werth ei brofi. Daw'r llysiau yn ddi-ffael gan Nathan Richards ac Alicia

Miller o fferm organig Troed y Rhiw yn Llwyndafydd. Ond y seren ddisgleiriaf ar ei fwydlen flasu ef yw'r saig cig eidion a nionod, gyda'r cig o Ystad Rhug ger Corwen, Sir Ddinbych.

Dyma yn bendant yw hoff bryd bwyd Nicky, ond pysgod sy'n tanio archwaeth Chris. Yn ei dymor, meddai yntau, does dim gwell na sewin afon Teifi, gaiff ei bysgota o gwrwgl. Mae'r ddau wrth law i gynorthwyo gyda'r gwin – mae'r ddiodlen yn adlewyrchiad o'u chwaeth bersonol. Yn wir, mae'r ddau wedi tywallt eu personoliaethau eu hunain i'r gwesty – ac yn fwyaf penodol, eu diddordeb byw mewn celf. Yn wir, eu cariad at gelf ddaeth â'r ddau ynghyd, wrth i Nicky brynu darn gan Linda Sutton oddi wrth Chris. Bu'r ddau yn delio mewn celf o'u horiel yng nghanolbarth Lloegr, cyn symud i Gymru a magu teulu yn Llandysul.

Yn y bwyty ei hun – yr Ystafell Gelf dangnefeddus – ceir esiamplau niferus o waith artistiaid grŵp Camden Town. Yn ganolbwynt i'r ystafell mae 'Morning Glory' gan Fred Cuming mewn lliwiau mintys heddychlon. Gwnaed cadeiriau 'Ysbryd Louis Phillippe' Starck o blastig tryloyw, gan gyfrannu at oleuni'r ystafell hynod braf. Ceir hefyd bortread o'r cwpl gan Ken Howard, eu harwr celfyddydol ynghyd â'r artist o Gymro, Augustus John.

Dau arall sydd i'w gweld yn troedio lloriau'r gwesty yw'r cŵn defaid Puli o Hwngari – Bartleby a Mrs Ruskin. Daw popeth ynghyd i greu argraff unigryw sy'n cynnig drych i ddiddordebau Chris a Nicky. Er ei fod yn waith mae'r gwesty hefyd yn ddihangfa oddi wrth yrfaoedd y ddau, fel cyfreithwraig a barnwr rhan-amser. Bu rhedeg gwesty yn uchelgais gan Chris erioed, a daeth y fenter ar adeg berffaith i'r ddau. Yn bendant, mae'r gofod rhyfeddol yn mynnu ymweliad, ac mae'r croeso – er mor newydd yw'r bwyty – yn gynnes iawn.

The Art Room @ Castell Malgwyn, Llechryd, Sir Benfro
SA43 2QA 01239 682382

The Warren

Caerfyrddin

Aeth Deri Reed â mi ar fordaith i Havana a Mumbai o'i fwyty ger Stryd y Dŵr. O'r Ginito mintys ffres i'r Thali llawn sbeis, cefais flas ar ddylanwadau o bob cwr o'r byd. Ond fry ar wal The Warren y mae map o dre'r hen dderwen, lle mae gwreiddiau dwfn yn angori'r cogydd ifanc i'w gynefin.

Ar y cyd â'r garddwr Steffan Lemke-Elms, sy'n wreiddiol o Degryn ger Crymych, mae Deri ar dân dros gynnig seigiau rhyngwladol â blas lleol a thymhorol Sir Gâr. Cychwynnodd Deri ei yrfa yng nghegin yr Angel Vaults, Caerfyrddin, cyn teithio i bellafoedd byd, o Nepal i Iwerddon, cyn cyffroi dilynwyr sin bwyd-y-stryd Caerdydd.

Wedi cyfnod yn ninas Corc dan adain y cogydd Dylan Potter dychwelodd i Gymru, i Milgi – bwyty llysieuol yn y Rhath, Caerdydd. Tra oedd yno, fe'i hysbrydolwyd i sefydlu ei gwmni ei hun. Datblygodd enw yn y brifddinas fel The Ethical Chef, gan greu seigiau o lysiau rhandir cymunedol Glanyrafon. Gwerthodd ei ffriters fel slecs, a hynny bob dydd Sul yn y farchnad ffermwyr boblogaidd ar lan afon Taf. Profodd y fenter mor llwyddiannus nes iddo dderbyn gwahoddiadau gwych i borthi'r torfeydd llwglyd yn Glastonbury a Gŵyl y Dyn Gwyrdd. Cyfrannodd pob cam bach at y darlun mawr, gan roi hwb pellach iddo ystyried ei filltir sgwâr wreiddiol o'r newydd.

Dydy'r filltir sgwâr honno, fferm Trawsmawr ger Trevaughan, ddim i'w gweld ar y map o Gaerfyrddin. Ond mae elfennau o'r tir, sydd i'r gogledd o'r dre, i'w canfod ym mhob cornel o'r bwyty, o'r bar pren ffawydd a'r deiliach ysgafn sy'n addurno pob bwrdd i gynhwysion y diodydd a'r seigiau a weinir yn ddyddiol yn The Warren. Ac os sylwch chi'n fanwl ar y blodau bwytadwy, *nasturtiums* Trawsmawr yn aml iawn yw'r rheiny.

Mae'r ardd – a'i dail salad – yn ei blodau yn yr haf, sy'n egluro sioncrwydd arbennig Steffan rhwng Mai ac Awst. Ond fel wiwer yn yr hydref mae'n storio daioni'r cynhaeaf at fisoedd garw'r gaeaf, gan olygu fod silffoedd y bar dan eu sang o wirodydd cartref. Nesaf at y jin cartre blas afal neu beren cynrychiolir diodydd eraill o'r de-orllewin, fel cwrw'r Garreg Las o Gilgwyn,

Daniel Smart • Danielle Rawlings • Dave Stafford • David Crane • David Nyhan • Davi
Woodhead • Debbie Curnock • Debbie Hartman • Denis Campbell • Derek Thomas • De
Nawasari • Diane Curtis • Diane Phillips • Dinah Guilfoyle • Dinny Reed • Dirk Renn
• Dominik Scott • Dorian Jones • Dorrie Peat • Dyfrig Gibbs • Dylan Reed • Ed Sigger
ira Rose Smith • Elizabeth Reilly • Ellie Weatherseed • Elliot Thomas • Elliot Wo
Ellis Grover • Emerald Siggery • Emilie Crees • Emma James • Emma Jane • Emma Jo
ne Young • Esyllt Hedd Davies • Fiona Morgan • Fionnuala Mc Loughlin • Fleur Edwards
ards • Gaynor Carruthers • Gemma Thomas • Geoff Elms • George Jones • George Taylor
es • Gerald Vaughan • Glenn Page • Graham Craig • Graham Vaughan • Greta MyGosha
son • Griggs • Grug • Guni Lemke • Gwendoline Watson • Gwenllian Thomas • Gwion Thorpe
ey • Hannah Richards • Hannah Siggery • Hannah Williams • Harry Hopkins • Hayley Sn
Anzani • Helen Tinnelly • Hilarie Clifford • Hillel Raz • Holly Davies
ley-Whittingstall • Huw • Ian Love • Irene Hanasand • Isabelle Hamilton • Jacks
lyn Wildpower • Jacqui Wonfor • Jade Forester • Jade Page-Harries • James Hughes
es Poeschel • James Thomas • Jamilah Samuel • Jane Cook • Jane Jones • Jane Stran
s • Janet Pugh • Jennifer Edwards • Jenny Howell • Jerry Hall • Jessica Brokenshir
• Jessica Roworth • Jo-Ann C Mills • JoAnn Gillian Burch • Joanna Strange • Jodie Wa
• John Collister • John Rooney • John Strange • John White • John Williams • Jonat
n Gibbs • Jonathan Monk • Joshua Balfe • Jude Saffron • Julia Roworth • Kaileigh W
Kathryn Morris • Kayleigh Allen • Keith Johnson • Kerry Coles • Kerstin Hoeftmann
yn Morris • Konstantinos Petrides • Krister Holm • Laura hadley • Lauren Harvey •
ulvihill • Lewis Hayes • Lewis Wicks • Liam Burgess • Liam Coles • Lili Woollacott • Li
Whalley • Lisa Davies • Llŷr Jones • Louise Vaughan • Lowri Thomas • Lucy Price •
Bell • Marcos Suarez • María Atkin • Maria James • Mark Davis • Marty Griffiths •
n Nossent • Matt Ramsey • Matthew Hopkins • Matthew Moody • Matthew Morgan • Ma
• Maya Donnelly • Megan Evans • Melville • Menna Pritchard • Michelle Barrett • Mike
• Moishe • Morgan Construction • Morgan Elis Solicitors • Morgan Rennie • Myles Clem
i Dyer • Natasha Mitchell • Nia Denman • Nia Elias • Nicholas Rees • Nicola Selfri
Old Oak Barn • Patricia Alexander-Bird • Paul Green • Paul Jennings • Paul Martin •
O'Keeffe • Paula Phillips Davies • Penny Knowles • Pete Mudd • Peter Kay • Peter Kl
ds • Rachael Oram • Rachel Kestin • Rachel Langdon • Rachel Pearson • Rachel Th
-Mason • Rebecca Bassett • Rebecca Clark • Rebecca Leach • Rebecca Lythe • Rebecc
i • Rhodri Morgan • Ricardo Dragone • Richard Leggett • Richard Thomas • Ricky Whit
n Frederiksen • Rob Simkins • Robyn Hickling • Robyn Reed • Roger Lewis • Rona
mary Marx • Rosina Coe • Rupert Dunn • Ruth Fernandez • Ruth Letten • Ruth Lodwig
• Ryan Jones • Sam Ibbitson • Sam Peric • Sam Russell • Samantha Minas • Sandra Hu
a Elias-Bassett • Sarah Butty • Sarah Davies • Sarah Williams • Sean Boucher • She
son • Sian MacGregor • Sian Morris • Sian Woodhead • Simone Somers-Yeates • Sop
heng • Sophie Davies • Sophie Peyron • Stacey Jones • Stanley Rose • Steffan Lem
Elms • Steph Donovan • Steph Kent • Stephen Calvert • Stephen McNair • Steve Gilbert
• Steve Wakeford • Steven Vaughan • Sue Hay • Suki Baynton • Susan Siggery •
Suzie Gordon • Suzie Pennington • Svea Jeske • Svend Emil Jacobsen • Tanya
Morgans • Tayla Hek • The Chapman family • Theresa Van Kempen • Thomas
Harry • Thomas Harvey • Thomas Siggery • Tim Rees • Tom Brain • Tom
Pearson • Tom Thorns • Tracie Renshaw • Tracy Rennie • Tricia
Neville • Vanessa Weaver • Vernon & Ethan • Wendy
Collins • Wendy OShea • William McLoughlin •
Yaffle Cafe • Ziad Jabero
Carmarthen School
of Art

THE WARREN

Sir Benfro, Jin Gŵyr, a Dà Mhìle o Landysul. Yn wir, jin gwymon Llandysul sy'n sail i'r coctel Ginito siarp, a gydbwysir â sudd danadl poethion Trawsmawr. Gyda'r llwyth o ddail mintys a blas leim ffres, dyma fojito a thro Cymreig iddo yn y gynffon. A'r un mor boblogaidd yw'r coctel riwbob ddiwedd haf, sy'n werth ei sawru ar noson braf.

Wrth droi at y bwrdd, a'r fwydlen dymhorol, bachwch ar y cyfle i brofi ffriter crenslyd. Ganol hydref ffriter moron a chabaits oedd ar gael, a gafodd ei weini â saws cnau mwnci a phlatiad o hwmws cartref. Ceir dewis o gigoedd hefyd ar fwydlen y prif gyrsiau, gan gynnyws byrger cig eidion o fferm Hazelwood yn Hendy-gwyn ar Daf. Dim ond rhai bwytai lleol gaiff weini'r cig gwobrwyol, a The Warren a Danteithion Wright's, Llanarthne, sydd ar frig y rhestr.

Dros fisoedd y gaeaf gweinir cig carw o Barc Dryslwyn; dyma blatiad llawn blasau dwys a chyfoethog sy'n dwyn atgofion o afu a nionod eich plentyndod. Fe'i cydbwysir yn llwyddiannus â blasau chwerwfelys saws corbwmpen a *dauphinoise* betys. Ond ar gael trwy'r flwyddyn mae'r Thali blodfresych, gyda *daal* sbeislyd a saws mintys ffres. Caiff y cynhwysion eu gweini mewn blychau amrywiol, gan gynnig blas o hwyl bwyd-y-stryd.

Mae rhannu seigiau a phlateidiau yn brofiad cyffredin, sy'n gwneud synnwyr wrth ystyried y fwydlen bwdinau. Pam dewis dim ond un pan fo'r hyn sydd ganddynt i'w gynnig mor ddanteithiol? Beth am darten driog a hufen masarn, neu fŵs siocled a choffi Coaltown, o Rydaman? Neu beth am beren wedi'i photsio mewn saws sinsir a sbeis, a'i gweini â sorbet lemwn?

O dystio i brysurdeb y bwyty – sydd hefyd yn gaffi yn ystod y dydd – roedd galw mawr am The Warren yng Nghaerfyrddin. Yr hyn sy'n braf yn ogystal, ynghyd â'r ethos tymhorol, yw natur gydweithredol y tîm. Wrth hyfforddi staff lleol mae'r pwyslais ar ledaenu'r efengyl, gan geisio creu diwylliant cynyddol o gaffis a bwytai tebyg gerllaw. A rhwng llafur cariad Deri Reed a Steffan Lemke-Elms – y dderwen a'r llwyfen – ceir yma lwyfan gwych i gynnyrch tir Sir Gâr.

The Warren, 11 Stryd Mansel, Caerfyrddin, SA31 1PX
01267 236079

De-Ddwyrain

'Naws ddinesig ac Ewropeaidd sydd i'w phrofi ger y bar,
wrth i'r byd a'r betws ruthro heibio.
Mae'n fan cyfarfod naturiol a hynod atyniadol,
gyda'r Gymraeg i'w chlywed yn glir uwch dwndwr y dre.'

Arboreal

Y Bont-faen

Roedd gan gegin Samantha Morgan a'i brawd bach Bud bersawr gwahanol i gartrefi eu ffrindiau drwy gydol eu plentyndod ym Mhenrhyn Gŵyr. Câi cig oen ei weini, ond gyda salad a bara fflat a blasau lemwn, olewydd, *za'atar* a *sumac*. Dôi eu tad yn wreiddiol o Nigeria ond cafodd ei fagu yn Libanus, felly danteithion y Dwyrain Canol fyddai'n aml i swper yn Llandeilo Ferwallt.

Yr un blasau sy'n llywio bwydlen eu bwyty cyfoes ar stryd fawr y Bont-faen; teg yw dweud nad oes unman tebyg i Arboreal. Fel hanes y teulu, mae'r bwyty chwaethus hwn yn ferw o ddylanwadau; yn groesffordd amlddiwylliannol ar y naill law, ac eto'n gwbl Gymreig ar y llall.

'Yn perthyn i'r coed' yw ystyr Arboreal, ac mae hynny'n bendant yn adlewyrchu'r weledigaeth, o'r popty coed canolog yn y gegin agored i'r waliau pren golau *shabby-chic*. Wedi cyfnod maith yn teithio dychwelodd Samantha i dde Cymru, a chanfod hafan iddi hi a'i theulu ym Mro Morgannwg. Mae ymgolli yng nghoedwig Sain Dunwyd yn ddihangfa bur iddi hi, a'r un teimlad sylfaenol o 'ddod 'nôl at eich coed' yr oedd am ei rannu â gloddestwyr y Fro.

Yn bendant, mae 'na fwrlwm o fore gwyn tan nos yn y bwyty hynod gyfoes, sy'n ail gartref i nifer fawr o drigolion lleol. Naws hamddenol, bur anffurfiol sy'n eu denu nhw yn ôl, ynghyd â chynnwys y fwydlen amrywiol. Fel ag a geir yn y Dwyrain Canol ceir pwyslais ar seigiau i'w rhannu, gan ategu at yr awyrgylch parti a'r dathliad o fwydydd amrywiol.

Profodd un saig yn ffefryn gyda grwpiau o'r cychwyn – y caws Cenarth Aur wedi'i bobi, y nesaf peth at *fondue* Cymreig. Oes profiad sy'n rhagori ar wledda ar gaws wedi'i doddi, â blas garlleg, mêl a rhosmari? O'r un popty coed y daw'r pitsas poblogaidd, sy'n amrywio o glasuon cyfarwydd i gynigion cryn dipyn yn fwy ecsotig. Mae 'na gryfder mawr mewn cadw'n driw i'r hanfodion, ac mae'r pitsa trilliw Margherita yn batrwm o'i fath. Ond wrth rannu, ceir cyfle i arbrofi â blasau diwylliant gwahanol, fel pitsa iogwrt, mintys, pomgranadau a chig oen.

Ceir enghreifftiau niferus o seigiau llysieuol o'r Dwyrain Canol, fel platiad *mezze* gyda hwmws a *tabbouleh*. Ond ceir hefyd flasau mwy sawrus o'r Dwyrain Pell, fel cawl *miso*, *tempura* a hwyaden Peking, a roliau *nem* fel a geir yn Fietnam. I'r cig-garwyr tylinir cig eidion o Henffordd mewn perlysiau blas sitrws synhwyrus, gan gynnwys *za'atar* – cyfuniad o *sumac* a theim. Tyfir llu o berlysiau yng ngardd gefn y bwyty, ynghyd â llysiau a ffrwythau'r haf a'r hydref.

Mae'r dewis o winoedd yn cwmpasu'r byd, o winoedd sych grimp o Ffrainc, fel Sancerre a Chablis, i flasau mwy blodeuog rhanbarth Marlborough yn Seland Newydd. Mae Zinfandel rhosliw Winston Hill o Ddyffryn Napa, Califfornia yn ddewis perffaith gyda phwdin fel *meringue* – ac oes angen esgus i estyn am Aperol Spritz ar ddiwrnod braf? O gofio bod hen siop Iolo Morganwg gerllaw, lle saif caffi Costa erbyn hyn, braf yw sawru coffi cwmni lleol o Aberogwr, Welsh Coffee, yn Arboreal.

Mae Bud, a fu am gyfnod hir yn gweithio yn Affrica gyda'i dad, bellach yn feistr y tu ôl i'r bar, wrth greu coctels fel pwnsh arbennig Arboreal. Ond mae'r un mor awyddus i sicrhau profiad melys i'r rhai y byddai'n well ganddynt sawru margarita neu *mojito* dialcohol. Yn wir, mae'r croeso ganddo ef a'i chwaer yn ddidwyll bob amser, sy'n egluro bwrlwm llawen y bwyty a'i le wrth galon y dre.

Asador 44
Caerdydd

Ni wyddom pa seigiau oedd wrth fodd y Silwriaid cyn i'r Rhufeiniaid gyrraedd dinas Caerdydd, na chwaith pa brydau bwyd a gynhaliodd y Llychlynwyr wrth gadw reiat ar hyd Womanby Street. Ond ers canrif, fe wyddom mai stecen go iawn fu'n denu'r werin i Stryd y Cei. Am ddegawdau, bu tafarn y Model Inn yn gweini golwyth cig eidion o fri. Yno, yn achlysurol, yr âi fy nhaid am ei ginio tra oedd yn deiliwr rownd y gornel ar Heol Eglwys Fair. Roedd hefyd yn atyniad i athrawon, fel fy mam, ar hyd y chwedegau, ac i ddarlithwyr y brifysgol, fel fy nhad.

Er mawr siom i nifer fawr o bobl caewyd y dafarn gan Brains, cyn ailagor yn 2012 fel Greenwood and Brown. Roedd hwnnw'n fwyty chwaethus gyda phwyslais ar gig, ac roeddwn i wrth fy modd â'r golwyth llygad yr asen. Ond yn 2016 aeth si ar led; roedd newid arall ar y gweill, gan beri i gig-garwyr Caerdydd chwysu chwartiau. Ond doedd dim angen mynd i boeni am newydd-ddyfodiad arall o Lundain – cyhoeddwyd yn llawen mai cwmni Bar 44 oedd yn ehangu'i orwelion. Ac ystyried fod cangen eisoes rai camau i ffwrdd, taniwyd chwilfrydedd pawb. Ond pan agorodd y fenter newydd roedd yr ymateb yn unfrydol: roedd y bwyty yn llwyddiant mawr. Fe'i canmolwyd i'r cymylau, ac aeth byd y blogiau yn honco bost. Felly beth yn union sydd mor arbennig am Asador 44?

Rhaid eich tywys i Sbaen cyn ateb y cwestiwn, cyrchfan gwyliau'r teulu Morgan o'r Bont-faen. Prif atgofion Tom Morgan o hafau ei blentyndod yw'r enfys o flasau a brofodd yn Andalucia; yn bennaf, mwynhau bwyd anffurfiol y *chiringuitos*, sef y bwytai glan môr, ym Malaga. Griliwyd llwyth o sardîns ar sgiwers *espeto* ar dân agored mewn cychod pysgota, gan droi'r crwyn arian gloyw'n raddol euraidd. Fel oedolyn caiff yr un wefr yn ninas Jerez, wrth fwyta brwyniaid mewn sudd lemwn, garlleg a sieri.

Disgleiriodd Tom yn ddyn ifanc ar y cae rygbi, cyn dioddef anaf cas i'w lygad. Wedi blwyddyn yn yr ysbyty ymunodd â Natalie, ei chwaer, oedd yn berchen tŷ te prysur Farthings yn y Bont-faen. Ymunodd Owen, ei frawd, wedi iddo raddio mewn Daearyddiaeth o Abertawe, ac yn 2002 fe agorodd y

teulu Bar 44 – bwyty tapas annibynnol cyntaf Cymru. Fe seiliwyd y fwydlen ar atgofion eu plentyndod, ond dros y blynyddoedd arbrofwyd cryn dipyn â blasau lleol, tymhorol Bro Morgannwg.

Aeth unarddeg mlynedd heibio cyn ehangu yn 2013, gan sefydlu cangen dra llwyddiannus ym Mhenarth. Ceisiodd rhai eu darbwyllo i beidio ag ehangu ymhellach i Gaerdydd, gan resymu y byddai'n llawer rhy agos i'w canghennau gwreiddiol i lwyddo yn y brifddinas. Ond dyna a wnaethpwyd, mewn hen warws ganoloesol rhwng Stryd Womanby a Phorth y Gorllewin. Bwyty anffurfiol yw Bar 44, sy'n eich denu â theils amryliw. Yno, cewch ystod o brofiadau gwahanol gan gynnwys y bwydlenni *cava*, jin a sieri helaeth. Ceir hefyd blateidiau arbennig sy'n adlewyrchu blas y tymor; mae'r salad artisiog fioled yn gweddu i'r dim â blas sieri melys *oloroso*. Ac ym Mryste ceir cangen arall o'r bar tapas Sbaenaidd-Gymreig, sydd wedi profi llwyddiant mawr ers agor ym mis Awst.

Ond yn y cefndir, yn dawel fach, roedd cynlluniau i lamu 'mlaen, a chamu oddi wrth y fwydlen tapas anffurfiol. Yn gynyddol, fel oedolion, archwiliodd y brodyr ranbarthau gogledd Sbaen. Gwleddodd y ddau ar gawsiau a physgod a chig coch yng Ngwlad y Basg, Asturias a Galicia. Daeth y ddau i werthfawrogi dull y bwytai asador o grilio'r pysgod a'r cigoedd ar griliau siarcol. Y bwriad felly oedd gweini'r cynnyrch gorau posib o'r rhanbarthau hynny, wedi'u paratoi a'u cyflwyno i'r safon uchaf bosib. I sicrhau hynny aeth Owen ati i greu ei gril *parilla* ei hun, sy'n hawlio'i le yng nghanol y bwyty.

Mae'r profiad o ymweld ag Asador 44 yn wirioneddol arbennig, gan ddechrau â'r croeso Cymraeg gan brif weinydd y bwyty, sef Adam Jones o'r Barri. Mae 'na le ar y fwydlen i bysgod o'r radd flaenaf, fel y torbwt rhagorol o stondin Ashton's yn y farchnad ganolog. Fel yn achos sawl saig, rhennir y pysgodyn rhwng dau, fel a wneir yn ninas Bilbao. Cynigir hefyd olwyth cig eidion Gwartheg Duon Cymreig, a awyr-sychir am ddeugain niwrnod. Caiff y cig hwnnw ei hongian yn yr oergell fawreddog, sy'n hawlio'i lle nesaf at yr 'ogof' gaws. Serch y parch at seigiau llysieuol wedi'u cyflwyno'n greadigol, nid bwyty i'r gwangalon mo Asador 44. Ac nid cyrchfan i fwytawyr ffyslyd chwaith, sy'n casáu braster ac arogleuon cryf!

Yn wir, y braster a'r gwyntoedd cryfion sy'n gyrru'r weledigaeth hon; seren ddisgleiriaf y fwydlen yw'r Rubia Gallega, o fuwch odro naw mlwydd oed, o Galicia. Dyma horwth o olwyth i'w rannu rhwng dau, â'r blas dwysaf a brofais erioed. Pan gaiff y cig ei awyr-sychu ceir llai o waed, tra bo marmor y braster yn gyfoeth o *umami* blas cloron neu gaws glas.

Gyda blas dwys o'r fath rhaid anelu am gydbwysedd, ac mae'r salad oren a ffenigl yn cynnig chwa cherwfelys ar y cyd â sglodion a saws Rioja a mêr yr esgyrn. Cynnig Tom ei hun, os ydych am rannu potel o win, yw'r Syrah ffrwythus ysgafn Noctua o ranbarth llosgfynyddig Campo de Calatrava, i'r de o Madrid. Ond os ydych am gychwyn y wledd â chorgimychiaid Carabinero, yna'r Albariño Lusco amdani, sy'n llawn sitrws a sawr perlysiau.

Yr un mor driw i ranbarthau Sbaen yw'r rhestr o bwdinau. Os oes lle yn y bol, rhaid profi'r deisen gaws gyfoethog sy'n driw i arddull pobyddion Donostia. Ceir croeso wrth fentro i'r ogof gaws, am un blas bach olaf cyn troi am adre. Am ergyd i'r synhwyrau dewiswch y caws glas Cabrales, cyn dadebru â'r *manchego* rhosmari.

Byddai'n bechod canu'n iach cyn sipian sieri Fino bach – onibai eich bod am gloi eich noson yn Bar 44. Byddwch yn bendant am ddychwelyd i fwyty Asador 44, fel y gwnes i droeon am sawl dathliad pen-blwydd. Mae pob gloddest yn fuddsoddiad mewn atgofion byw, fel a gafwyd yn yr union safle hwn dros y degawdau.

Bunch of Grapes

Pontypridd

Treuliodd Nick Otley o Bontypridd y rhan fwyaf o'r nawdegau yn ffotograffydd ym myd ffasiwn Llundain. Ymysg ei gleientiaid roedd y cylchgronau *Vogue, Dazed & Confused, Arena Homme* + ac *Attitude*, wrth iddo dynnu lluniau pawb o Jude Law i Sophie Dahl. Âi o fis i fis gan syrffio soffas ym Mayfair, cyn gweithio ymhellach i ffwrdd ym Mharis ac Efrog Newydd. Ei syniad perffaith o ymlacio oedd gweld ei ffrindiau yn nhafarn yr Eagle yn Farringdon, y lle cyntaf ym Mhrydain i ddefnyddio'r term 'gastro-pub' a throi'r diwylliant bwyd ar ei ben.

Trodd Nick am adre yn y flwyddyn 2000 gan chwilio am her newydd iddo'i hun. Ac yntau'n hanu o linach o dafarnwyr ym Mhontypridd, penderfynodd sefydlu ei dafarn fwyd ei hun. Mae'r hyn y llwyddodd i'w greu gyda'r Bunch of Grapes yn gyfraniad mawr i ddiwylliant bwyd a diod y Gymru gyfoes. Nid yn unig fe drodd hen dafarn ei dad yn atyniad mawr, ond yn 2005 ef oedd y cyntaf i lansio cwrw crefft cyfoes Cymreig. Sbardunodd y fenter honno ddwsinau o gwmnïau eraill i'w efelychu ledled Cymru.

Ym mha ran o'i ymerodraeth y tybiwch chi mae'r gŵr busnes bonheddig i'w ganfod erbyn hyn ar bnawn Sul? Yr ateb i hynny yw ei fod yn sefyll o flaen y popty gyda phentwr o bwdinau Efrog cartref o'i flaen, a het y cogydd am ei ben. Bu'n bresenoldeb cyson yn y gegin ers ailsefydlu'r Bunch of Grapes, wrth iddo wireddu ei weledigaeth gan bwyll bach. Ni chaewyd y dafarn o gwbl yn ystod y gwaith adnewyddu, a'r un 'locals' sy'n dal i heidio at y bar. Ond mae'n wir iddynt sylwi ar acenion o bell yn llenwi bwyty'r 'Crachach Bar' yn raddol bach.

Alfred, tad Nick, a fedyddiodd y stafell fwyta ac a greodd y ffenest wydr drawiadol. Ac yntau'n gyn-berchennog ar dafarn The Bunch, roedd yn bur amheus o uchelgais newydd ei fab. Ond mae'n dafarn ac iddi hanes a naws unigryw, a sefydlwyd yn wreiddiol ar lannau Camlas Morgannwg. Ganrif a hanner yn ôl bu gwneuthurwyr cadwyni haearn Brown Lenox yn byw ar wyth peint o'r dafarn bob dydd. Teg yw nodi mai hwnnw ar y pryd oedd hylif puraf y fro, a'i fod yn bendant yn llai peryglus na'r dŵr lleol.

Tan yn gynharach eleni cwrw Croeso – cwrw casgen cwmni Otley – fu'n plesio'r pyntars wrth y bar, ond wedi iddo arwain y gad am flynyddoedd fe werthwyd y bragdy yn 2016. Gwaetha'r modd, meddai Nick, fe greon nhw eu cystadleuaeth eu hunain, ac er mawr siom i yfwyr lleol (a ffans mawr eraill, fel Neil o siop gwrw Stori yn y Bala) caewyd drysau'r bragdy dan y perchennog newydd yn Chwefror 2018. Newyddion torcalonnus i rai, ond gwnaeth Nick a'i dîm eu gorau eleni i gyflwyno cwrw o bob cornel o Gymru a'r Gororau. Amrywia'r rhain o'r cwrw 'cartref' newydd, Digger's Gold – a gipiodd wobr Cwrw Aur Gorau Cymru CAMRA i fragdy Grey Trees o Aberdâr – hyd gwrw Mŵs Piws, Porthmadog, a Salopian o Amwythig, i enwi dim ond rhai.

Yn wir, mae'r cwrw'n gydymaith perffaith i gynnwys y fwydlen, ac fe'i hymgorfforir ym mlasau seigiau di-ri. Mae'r cinio Sul yn gyfle campus i brofi'r bwyd ar ei orau, ac yn serennu mae cig eidion W. J. George, Talgarth. Caiff y brisged ei rostio mewn cwrw du Mŵs Piws, yna'i weini â wompyn o bwdin Efrog cartre gyda moron a thatws rhost. Ond mabwysiadodd y dafarn fwyd agwedd iach yn gynnar at seigiau llysieuol yn ogystal. Golyga hyn fod risoto madarch, neu arlleg gwyllt o'r goedwig leol, a salad betys a chaws Pantysgawn yn boblogaidd iawn. Ac yn y gwanwyn a'r haf, does dim yn well na chnwd o'r ardd sy'n ymddangos ar y rhestr ddyddiol arbennig.

Yn wahanol i fwytai eraill sy'n ceisio cynnig arlwy mwy moethus, mae Nick Otley yn ymhyfrydu yn ei fwydlen 'gastro-pub'. Yn ei farn ef does dim cywilydd mewn gweini'r 'sgod a sglods' gorau 'rioed, â chwrw cyfoethog o Gymru. Yn goron ar y cyfan ceir pwdinau cysurlon – melysgybolfa blas riwbob a phwdin taffi gludiog, neu ddewis o gawsiau Cymreig.

Ar y waliau ceir arddangosfa o ffotograffau du a gwyn – tirluniau gan y dyn ei hun. Mae nifer ohynynt yn cyfleu antur a chynnwrf gwyllt y Bannau, lle'r aiff Nick i gerdded gyda'i labrador. Ger y ffenest gwydr lliw mae ei hoff lun sef llun o storom ar draeth Marloes, ei hoff ddihangfa pan gaiff gyfle am wyliau. Ac yntau'n gerddwr o fri, mae ganddo gyngor i chi os hoffech haeddu eich cinio go iawn. Chwe milltir o hyd yw'r gylchdaith o'r dafarn i fyny i Fynydd y Garth. Beth am olygfa o'r ffridd uwch Pontypridd cyn sawru pob tamaid o'ch pryd?

Curado Bar
Caerdydd

Daeth y Nadolig yn gynnar i ddinas Caerdydd pan agorodd Curado yn Rhagfyr 2016. Diwylliant yfed a gysylltir yn aml â chanol y brifddinas, yn arbennig ardal Heol Eglwys Fair. Ond diolch i dîm o orllewin Cymru cyflwynwyd chwa o awyr iach, gydag yfed a bwyta – yn null y cyfandir – yn cydweddu â'i gilydd i'r dim. Ers hynny daeth y bar a'r bwyty bywiog yn gyfnewidfa yng nghanol y dre, ac yn llysgenhadaeth answyddogol i Gymry'r gorllewin.

Cam ymlaen yw Curado o gaffi-deli-bar Ultracomida, sydd â changhennau yn Arberth ac Aberystwyth. Cynigir ynddynt arlwy anffurfiol o gynnyrch Sbaenaidd-Gymreig, ac awyrgylch hwyliog o fore gwyn tan nos. Ond wrth gamu i'r de-ddwyrain mynegwyd uchelgais fwy fyth, gan newid tirlun bwytai'r ddinas am byth. Yn un peth, ailwampiwyd adeilad hyll Burger King a fu'n segur am lawer yn rhy hir. A diolch i'r ffenestri mawr llydan ar Stryd Porth y Gorllewin, ceir golygfa ddihafal o'r Stadiwm Genedlaethol, a'r bwrlwm sy'n mynd lawlaw â hynny.

Naws ddinesig ac Ewropeaidd sydd i'w phrofi ger y bar, wrth i'r byd a'r betws ruthro heibio. Mae'n fan cyfarfod naturiol a hynod atyniadol, gyda'r Gymraeg i'w chlywed yn glir uwch dwndwr y dre. P'run ai'n bwyta ar eich pen eich hun neu'n gwledda mewn criw, mae 'na groeso i bawb yn Curado. Ysbrydolwyd nifer o seigiau'r fwydlen gan arlwy *pintxos* Gwlad y Basg, gan annog cwsmeriaid i archebu plateidiau bychain. Ac fel yn achos Ultracomida mae'r pwyslais ar gawsiau a chig wedi'i halltu, sef ystyr Curado yn Sbaen.

Cyngor Paul Grimwood – cyd-sylfaenydd Curado – i unrhywun ar ymweliad â'r bar bwyd fyddai archebu glasied neu botel o *cava*'r tŷ, 1+1=3 o Gatalwnia. Wrth bendroni dros eich plateidiau a sgwrsio â ffrindiau, rhaid deffro'r daflod ag almwns rhost ac olewydd. Byddai'n bendant yn argymell platiad o'r *jamon ibérico* – y cig moch hallt gaiff ei gerfio'n gelfydd, cyn symud ymlaen at y cig *secreto* – cig moch wedi'i rostio gyda garlleg a theim, a'i gyflwyno â lemwn ac aioli.

Megis cychwyn fyddai hynny, felly rhaid troi at ei wraig Shumana Palit,

sydd â llu o argymhellion ei hun. Mae ganddi restr o ffefrynnau gan gychwyn â *cecina con queso curado* (cig eidion a chaws wedi'i halltu), yna'r bara tomato *pan con tomate* a madarch garlleg. Mae jin y tŷ yn boblogaidd dros ben, felly beth am wydraid o 1831 o Wlad y Basg, sydd â dipyn o gic blas clof a sinamwn? Peidiwch â throi am adre heb flasu'r *turrón*, teisen gnau almwn sy'n dra phoblogaidd dros y Nadolig yn Sbaen. Neu os ydych am fwynhau danteithyn direidus mae'r afalau mewn cytew yn fendigedig, ar y cyd â'r sieri *oloroso* ac iddo flas hydrefol, hyfryd tu hwnt.

Er mai o Arberth y daw Shumana yn wreiddiol, roedd ei thad yn feddyg o Bengal; magwyd ei mam, oedd yn nyrs, ym Mrychdyn, a'i mam hithau yn Aberdaugleddau. Dysgodd Shumana y Gymraeg yn Ysgol Hendy-gwyn ar Daf, cyn dilyn gradd mewn Ffrangeg yn Sheffield. Yn ddeunaw mlwydd oed cyfarfu â Paul, a raddiodd o Coventry mewn Economeg. Symudodd Paul gryn dipyn drwy gydol ei blentyndod, gan mai o Alberic ger Valencia y daw Maria, ei fam. Fe'i magwyd yn ne Sbaen am ei chwe blynedd cyntaf, cyn i yrfa ei dad fel cemegydd arwain y teulu i Gaergrawnt, ac yna i Rydychen. Yna symudodd ei rieni i Arberth i redeg gwesty Plas Hyfryd, tra agorodd yntau y Moathouse Deli ar y stryd fawr. Ar ôl cyfarfod â Shumana aeth y ddau i weithio i Fryste, cyn dychwelyd i Gymru drachefn.

Dyheu am lan y môr yr oedd y ddau mewn gwirionedd, a'r cynllun oedd rhedeg busnes bwyd. Dyna yw gwreiddiau Ultracomida, a blaenoriaeth y ddau o'r cychwyn cyntaf oedd cefnogi busnesau bychain, annibynnol, yn Sbaen. Maen nhw'n dal i gynrychioli'r busnesau hynny ar silffoedd y deli sy'n atyniad ychwanegol ar lawr gwaelod y bar. Cynhelir nosweithiau blasu bwyd a gwin dan arweiniad y cynhyrchwyr eu hunain, boed yn wneuthurwr caws glas o Asturias, yn ddistyllwr jin o Donostia neu'n winllannwr trydedd genhedlaeth o Gatalwnia. Yn wir, ymysg cyflenwyr Curado mae tad Sammy o Valencia sydd – ar y cyd â Glesni o Sir Benfro – yn feistr hawddgar tu ôl i'r bar.

I Sammy mae 'na derm o Valencia, 'catapum!', sy'n cydio yn ysbryd noson dda yn Curado. Mae Paul yn gwirioni pan fo pawb yn mwynhau eu hunain, a Shumana ar ben ei digon cyn digwyddiad mawr. Yn ystod 'Mehefin Mawreddog' eleni perfformiodd y Rolling Stones, Ed Sheeran a Beyoncé yn Stadiwm Principality; afraid dweud, roedd bar Curado dan ei sang. Ond y

cerddor adawodd Shumana yn gegrwth oedd y cwsmer lleol Euros Childs o
Sir Benfro; un o nifer o artistiaid y caiff eu cerddoriaeth ei chwarae yn y bar,
wrth ddathlu'r bywyd da.

Curado Bar, 2 Guildhall Place, Caerdydd CF10 1EB
02920 344336

Hare & Hounds

Aberthin

Profodd Tom Watts-Jones ei beint cyntaf erioed yn nhafarn yr Hare & Hounds, Aberthin, lai na milltir i'r gogledd-ddwyrain o'r Bont-faen. Ychydig a wyddai yn ei arddegau y byddai ryw ddydd yn gogydd a pherchennog un o fwytai gorau Cymru yn y fan a'r lle. Tyfodd i fyny ar fferm Cwrt Newydd, bum canllath i ffwrdd, yn saethu cwningod a physgota ar afon Berthin. Ond i'r brifysgol yn Lloegr yr aeth, i goleg Kingston ar lannau afon Tafwys, i ddilyn gradd mewn Daearyddiaeth. Fe gyfarfu yno â Sarah ei wraig, oedd yn fyfyrwraig dylunio. Tra oedd ar ganol ei astudiaethau dechreuodd Tom ei yrfa mewn cyfres o geginau, gan gychwyn â bwyty nodedig The French Table yn Surbiton.

Mae'n ddiddorol edrych yn ôl ar y cyfnod cynnar hwn, gan mor brysur yw'r rhieini ifanc erbyn hyn. Tra oedd y ddau yn byw yn Llundain treuliodd Tom gyfnodau sylweddol dan adain dau enw mawr a roddodd 'fwyd Prydain' ar y map. Un o'r rheiny oedd Jonathan Jones yn nhafarn fwyd yr Anchor & Hope, a drwythodd Tom mewn gwybodaeth am ddarnau cig amhoblogaidd – yn eu plith, pen ac afu a thraed moch. Dwysáu wnaeth addysg – ac angerdd – newydd Tom yng nghegin 'tad' y mudiad bwytya 'trwyn-i-gynffon', Fergus Henderson, perchennog bwyty St. John yn Clerkenwell – enw sy'n gyfarwydd i bob bolgi gwerth ei halen.

Ceir cysylltiad uniongyrchol rhwng y cyfnod ffurfiannol hwnnw a choginio rhanbarthol Cymreig yr Hare & Hounds wrth i Tom a'i dîm gynnig llwyfan arbennig i gynnyrch Bro Morgannwg, o'r llysiau môr o Ferthyr Mawr i egroes (*rosehips*) o'r As Fawr. Ond rhoddir cyfle hefyd i gynnyrch ehangach serennu, fel sewin afon Teifi a chig moch Fferm Huntsham o Ddyffryn Gwy. Un o hoff seigiau Sarah yw cwrs cyntaf y bochau mochyn; mae'r darnau cig yn cydbwyso'r melys a'r hallt gan doddi'n gyfoethog yn y geg. Mae'n saig grenslyd, amlhaenog, sy'n cynnwys sleisys afal ffres ar y cyd â phicl a sicori. Ar ymweliad cyntaf â'r bwyty rhaid dilyn hynny â ffefryn Tom – rymp o gig oen o fferm Torgelli ger Llanhari, wedi'i rostio a'i frwysio, cyn ei weini â saws mintys ffres.

Daw'r mintys o ardd fechan y dafarn fwyd, a chaiff ei bigo'n aml gan fysedd profiadol mam Tom. Bu Greta, o Ddenmarc, yn gwerthu ei chynnyrch llysieuol ei hun ym marchnadoedd ffermwyr lleol y Bont-faen a Chaerdydd am flynyddoedd maith, a cheir seigiau heb gig ar bob bwydlen. Ganol Ionawr cewch *gnocchi* tatws a chorbwmpen a nionyn coch a chaws Perl Las, ond yn nhymor yr haf y dail salad sydd ar eu hanterth, a ffa a phys a blodau bwytadwy.

Bron yn amhosib yw penderfynu pa bwdin i'w ddewis i orffen eich pryd mewn steil. Ond unwaith eto daw saig arbennig y cogydd i achub y dydd, a *soufflé* yw hwnnw ym mhob tymor. Eirin yw ffrwyth y *soufflé* dros ŵyl y Nadolig, ac fe'i dilynir gan riwbob yn ystod mis Chwefror, a mafon yn heulwen yr haf. Yr un blasau lleol a thymhorol sydd i'w canfod ar hyd y silffoedd, mewn cyfres amryliw o jariau Kilner. Ar y ddresel ganolog ceir brandi tywyll blas ceirios a jin eirin, neu riwbob ac eirin tagu. Hysbysebir coctels tymhorol bob dydd ar y bwrdd du; blaswch *rosé* oren Seville dros fisoedd yr haf, a sawru jin pefriog Prosecco blas eirin ganol gaeaf.

Bydd Sarah yn aml i'w chanfod yn cynorthwyo yn y gegin, neu'n gofalu am y ddau fab bach – Wilfred a Renly. Ond mae dylanwad y ddylunwraig – a'i gofal am y manylion – i'w brofi yn y stafell fwyta braf. Yn wir, trwy gyd-ddigwyddiad llwyr, awgrymwyd newid gwin gwyn y tŷ i Finca Valero Macebo o Cariñena yn Sbaen, heb wybod mai Sarah oedd dylunydd y label hardd. Ac wrth edmygu arddull wledig y cadeiriau cefn ffyn, ystyriwch hefyd grefftwaith cain y byrddau pren. Saernïwyd rhai o'r byrddau gan frawd a thad Tom o goed derw lleol o Landunwyd ac Ystradowen.

Lai na blwyddyn ar ôl prynu yr Hare & Hounds cipiodd y dafarn fwyd hon wobrau niferus. Yn eu plith, 'sêl bendith' Bib Gourmand gan Michelin, am gynnig pryd tri chwrs o fri am bris rhesymol. Sut mae egluro llwyddiant y ddau wrth greu 'ymdeimlad o le' mor drawiadol? Fel cogydd a daearyddwr, mae'r syniad o 'darddiad' yn allweddol i Tom. Ychwanegwch at hynny haenau niferus o fanylion bach lleol i greu hafan glyd ac atyniadol. Yn y stafell drws nesaf, mae'r dafarn wreiddiol drichan mlwydd oed yn dal wrth galon y gymuned. Pwy fydd yno ymhen can mlynedd? Dan ofal presennol Tom a'i deulu, does dim dwywaith amdani: trigolion Bro Morgannwg – ac ymwelwyr chwilfrydig, hynod lwcus, o bell.

Hare & Hounds, Heol Maendy, Aberthin, Y Bont-faen
CF71 7LG 01446 774892

JOL's
Merthyr Tudful

Gweithio 'ar y lein' yr oedd Jamie O'Leary o Benydarren pan brofodd ddeffroad – nid yn y gegin, ond ar linellau trên de Cymru a Lloegr. Ac yntau'n gyn-faswr gyda thîm rygbi Merthyr roedd wedi arfer â gwaith chwyslyd, corfforol. Ond yn ei amser sbâr câi Jamie fodd i fyw yn gwylio fideos o gogyddion ar YouTube, Keith Floyd, Rick Stein a Jamie Oliver yn eu plith. Yn wir, rysáit y Jamie arall, y 'cogydd noeth' – cleddbysgodyn *(swordfish)* a salsa – a goginiodd Jamie O'Leary i'w wraig Rhiannon ar ddechrau eu perthynas.

Ond pa ryfedd, mewn gwirionedd, mai at fwyd y trodd am gysur? Roedd cegin ei fagwraeth, yn Gellifaelog Terrace, yn ganolog i'w etifeddiaeth. Er ei fod yn hanu o linach faith o newyddiadurwyr lleol – gan gynnwys ei fam, ei chwaer a'i lystad – roedd ei fam-gu, Blodwen Joll, yn ddylanwad mawr arno. Yn blentyn, roedd wrth ei fodd â'i chawl ffacbys a chig oen, a'i phei cig eidion a'i phestris danteithiol.

Cymerodd gam sylweddol felly pan ofynnodd i Stephen Terry am brofiad gwaith ym mwyty The Hardwick ger y Fenni. Bu yno am chwe mis yn gweithio ddiwrnod yr wythnos, cyn sicrhau swydd barhaol yno. Mwynhaodd yr elfen gystadleuol – wrth bigo crancod a glanhau cregyn bylchog – a blodeuodd dan bwysau gwres tanbaid y gegin. Ond wedi chwe blynedd yno fel cogydd cynorthwyol, trodd ei drem at ei dref enedigol.

Creodd argraff fawr yn syth gyda'i gwmni bwyd-y-stryd, JOL's Food Co., yn y Depot a'r Street Food Circus yng Nghaerdydd. Dyfarnwyd ei gwmni y gorau drwy Gymru yng ngwobrau British Street Food 2015. Cynigiodd seigiau o safon, fel *confit* coes hwyaden a *gnocchi* parmesan a chwningen. Ond yr ymateb ffafriol ym Merthyr a greodd yr argraff fwyaf arhosol, wrth iddo agor ei fwyty ei hun yn 2016 yng nghanol y dre.

Os nad ydych chi eto wedi profi bwyd JOL's, awgrymaf ymweliad â'r bwyty cartrefol amser cinio dydd Sul. Gyda'r dre reit ar drothwy Bannau Brycheiniog, ceir cyfle i goncro Pen y Fan cyn sawru gwledd o fwyd y fro. Ond os nad yw her o'r fath yn apelio cyn cinio, beth am grwydro Parc

Cyfarthfa neu groesi traphont Cefn Coed y Cymer ar hyd Llwybr Taf i gronfa ddŵr Ponsticill gerllaw.

Mae'r asen cig eidion yn seren ar y fwydlen; wedi'i rhostio'n binc ysgafn, fe'i gweinir â phwdin Efrog o fri. Gweinir porc a chig eidion Fferm Huntsham yn Rhosan ar Wy, ynghyd â chynnyrch y cigydd o'r Fenni, H. J. Edwards a'i fab. Dysgodd ei gyfnod yn The Hardwick gryn dipyn i Jamie, a'r pwyslais ar safon y cynnyrch sydd flaenaf bob tro; yn yr un modd, cyflenwir y llysiau gan Philip Jones o Benperllenni ger Pont-y-pŵl.

Ond cyn cythru yn syth am eich cinio Sul, byddai'n werth darllen gweddill y fwydlen. I'r rhai hynny sydd ddim yn gyrru dyma gyfle i fwynhau cwrw Grey Trees y bragwr lleol Ray Davies a aned yn Llwytgoed, Cwm Cynon, neu goctel poblogaidd wisgi sur arbennig JOL's. Pobir y bara yn y gegin bob dydd ac mae gan y menyn llosg flas unigryw, sy'n werth ei brofi.

Derbyniodd Jamie air o gyngor gan Stephen Terry wrth agor JOL's; dywedodd fod darllen ryseitiau a llyfrau coginio yn gyfwerth â gyrfa gyfan o deithio'r byd i gogydd o fri. Ceir tystiolaeth glir o hynny yn y pentwr ger y bar, a ffefryn mawr yw'r llyfr *Fäviken*, gan y cogydd Magnus Nilsson o Sweden. Un o hoff gyrsiau cyntaf Jamie yw uwd *chorizo* a ffenigl, ei ddehongliad ef o un o ryseitiau enwoca'r beibl Nordig hwnnw. Ond byddai'n bechod peidio blasu un o bwdinau gorau'r bwyty, sy'n ffefryn mawr â chwsmeriaid lleol yn wythnosol. Does dim llawer o bethau all guro pwdin bara menyn, ac mae fersiwn Steve, yr is-gogydd, yn tystio i hynny, wedi blynyddoedd yn ei berffeithio yng ngheginau'r llynges.

Nid ar chwarae bach mae llwyddo yn y fath fodd mewn tref ôl-ddiwydiannol. Dyma enghraifft o fwyty poblogaidd sy'n datgan balchder ac uchelgais newydd, tra'i fod hefyd yn cydbwyso anghenion cwsmeriaid lleol. Ac ers rhai blynyddoedd bellach, mae'r enw Jamie O'Leary yn denu cwsmeriaid o bell sydd am brofi bwyd o fri o'r fro. Felly y tro nesaf y byddwch chi'n gwibio heibio ar yr A470, cofiwch am y bwyty sy'n gosod Merthyr ar y map.

JOL's, 30–31 Stryd Fawr, Merthyr Tudful CF47 8DP
01685 267878

Milgi

Caerdydd

Awr enwocaf Mick Jagger erioed oedd y tro y cwrddodd â Gwenda Hopkins, y Masons, Llanybydder. Galwodd i mewn am baned gyda Marianne Faithfull a Brian Jones tra oedd ar drip i Dregaron! Dyna chwedl deuluol Becky a Gaby Kelly o fwyty Milgi yn y Rhath, a fagwyd yn Aber-arth. Maen nhw'n hanu o linach gadarn o ferched Cymreig a fu'n rhedeg sawl bwyty llwyddiannus.

Mam-gu'r ddwy oedd Gwenda, fu'n treulio ei hoes yn porthi ffermwyr mart geffylau Llanybydder. Llywio'r Raven Inn yng Ngarnant wnaeth ei mam hithau, a'r Glanrafon Arms, Talgarreg oedd byd Jen a Gwyneth, ei hen fodrybedd. Roedd cinio Sul y Masons yn adnabyddus dros ben, a'r un yw hanes cinio rhost wythnosol Milgi. Ond yn wahanol i'w hynafiaid, creodd y chwiorydd argraff fawr am weini bwydlen sy'n gwbl lysieuol. Nid felly y cychwynnodd y bwyty yn 2006, ond fel eu cwsmeriaid mae Milgi – a'r merched – wedi esblygu.

Roedd bron yn anochel y byddai diwylliant a bwyd wrth galon gyrfaoedd Gaby a Becky. Ganed y merched yn Llundain, i Heather o Lanybydder a'r arlunydd realaidd Mick Kelly. Dychwelodd y teulu i Gymru pan oedd y ddwy yn blant bach, i Lanllwni ac yna i Aber-arth, ger Aberaeron. Roedd hi'n arfer gan Mick bysgota'n rheolaidd, ac yn aml ceid gwledd o gimwch i swper. Dysgodd y ddwy hefyd sut i bobi yng nghwmni eu mam-gu, gan arbenigo mewn tartenni Maids of Honour. Yn sgil gwaith comisiwn eu tad – i gleientiaid fel Rosemary Clooney – treuliodd y merched dipyn o'u hamser yn Efrog Newydd. Fe wirionodd y ddwy ar fyd celf a cherddoriaeth, ynghyd â bwytai a chaffis, Brooklyn a'r East Village.

Tra oedden nhw'n byw yng Nghaerdydd, fe synhwyrodd y chwiorydd yr un awydd i greu yn y brifddinas. Roedd y ddwy yn benderfynol o gynnig rhywle addas i'w cyfoedion, mewn bwyty a bar coctel ac iddo enw Cymraeg. A hithau'n 2006 roedd hi'n dal yn bosib cael benthyciad banc, rai blynyddoedd cyn argyfwng ariannol 2008. Darganfuwyd lleoliad perffaith ar Heol y Ddinas yn y Rhath – stryd orlawn o fwytai amlethnig. Ers dros ddegawd mae'r ddwy yn cenhadu yn yr iaith Gymraeg mewn stryd sy'n llawn mwg cibábs, sawr cyrri a gerddi shisha.

Penderfynwyd ar yr enw Milgi – oedd yn sillafu Moving Image Lounge Gallery Internet yn wreiddiol – ac nid gormodiaith yw dweud i'r chwiorydd Kelly arloesi wrth agor y bwyty yn 2006. Yn un peth roedd Milgi yn lle gwych ar y pryd am ddêt tanbaid, dros guriadau *dub* a *mojitos* tsili. Roedd yno hefyd wal fideo, ffilm a chelf, ac roedd *yurt* yn llwyfan i gwmnïau theatr fel Dirty Protest.

Cynhaliwyd ffeiriau sborion *vintage*, gyda phopeth yn £1, yn rheolaidd, ac yn llywio'r gegin roedd y Llydäwr Laurian Veaudor. O fewn dim, roedd bariau a chlybiau ledled Caerdydd yn ceisio'u gorau i efelychu llwyddiant Milgi. Ymysg aelodau cyfnewidiol y tîm creadigol roedd Cat Gardiner (Gallery Ten), Deri Reed (The Warren) a'r actorion Erin Richards a Tom Cullen. Roedd yn groesffordd gelfyddydol i ddiwylliant byw y ddinas, ac yn ofod i rannu syniadau a herio'r drefn.

Yn wir, o dipyn i beth, dechreuodd y chwiorydd ddechrau cwestiynu popeth, a darganfod mwy am darddiad cynnyrch eu bwydlen. Pan adawodd Laurian i sefydlu *patisserie* Cocorico fe fuon nhw'n trafod eu hagwedd at gig, wedi iddynt droi'n llysieuwyr eu hunain. Roedd y ddwy yn credu'n gryf mewn chwarae teg, i gynhyrchwyr, i'r amgylchedd ac i'w cwsmeriaid. Wrth sgwrsio â ffermwyr Cymreig, fe brision nhw'u brecwast organig a phenderfynu nad oedd £19 am blatiad yn gynaladwy, i neb. Roedden nhw eisoes wedi arbrofi â chynnig seigiau llysieuol, a chynhaliwyd pleidlais ymysg cwsmeriaid y bwyty. Y penderfyniad unfrydol oedd ymrwymo i fwydlen lysieuol, ac aeth y bwyty o nerth i nerth ers hynny.

Fyth ers arallgyfeirio yn 2010 mae Milgi wedi taro'r nod gyda'u cwsmeriaid, o bell ac agos. Ceir cyfeiriadau cyson at y bwyty ar dudalennau bwyd y *Times*, ac enillwyd nifer fawr o wobrau'r *Observer Food Monthly*. Estynnwyd gwahoddiad i'r chwiorydd lywio arlwy iachusol gŵyl Camp Bestival gan Rob da Bank. Ers hynny, bob haf maent yn darparu bwyd i wyliau di-ri – Tafwyl, Latitude a Gŵyl y Dyn Gwyrdd yn eu plith. Fe gychwynnon nhw glybiau swper, ac adran bwyd-y-stryd; nhw oedd y cyntaf o'r 'genhedlaeth newydd' o fwytai lleol i agor stondin yn y farchnad ganolog, gan weini'r ddiod *kombucha* a saladau maethlon. Yn y blynddoedd diwethaf

denwyd cwmnïau figan– fel becws Blanche a bwyty Anna Loka – i sefydlu busnesau gerllaw er mwyn manteisio ar 'hwb' llysieuol lleol. Daeth llwyddiant y bwyty wrth gydnabod mai calon y busnes oedd cynnig gwasanaeth bwyd a diod o'r radd flaenaf.

Felly beth sydd i'w gynnig ar y fwydlen dymhorol boblogaidd, ynghyd â'r cinio rhost torth sbigoglys a ffa menyn? Y salad Coreaidd sy'n dod i feddwl Becky, neu'r 'brechdanau' *tortilla* gwych. Mae'n fwyd maethlon i gynhesu'r galon, sy'n gwneud lles i'r corff a'r enaid, yr amgylchfyd a gweddill y byd. Hoff 'goctel' Gaby yw *kombucha* – sef te wedi'i eplesu – gyda rholyn Fietnam ar gyfer cinio cyflym. Ond ceir pwyslais mawr yn Milgi ar annog pawb i wyro oddi ar y llwybr cyfarwydd ac archebu rhywbeth gwahanol bob tro; ddim yn aml y bydd saig yn aros ar y fwydlen yn rhy hir.

A'r bwyty wedi ei sefydlu ers deuddeng mlynedd, mae'r ddwy wrth eu boddau eu bod nhw 'yma o hyd'. Cyfrinach eu llwyddiant? Bod yn gefn i'w gilydd, fel chwiorydd. Maen nhw hefyd yn ymhyfrydu yng nghyfraniad merched cryfion eraill y fro; o Mel a Jo, Penylan Pantry, a'r Secret Garden ym Mharc Biwt, i Tamsin Ramasut o'r Bangkok Cafe, Treganna, a Sam a Shauna o Hang Fire Southern Kitchen – y bwyty barbeciw gwych yn y Barri. Felly y tro nesaf y byddwch yn awchu am blatiad o fwyd, ystyriwch holl fentrau merched y fro. Ond cofiwch hefyd eiriau doeth yr hwiangerdd – Milgi, Milgi!

Milgi, 213 Heol y Ddinas, Y Rhath, Caerdydd CF24 3JD
02920 473150

Milkwood

Caerdydd

Cylch bywyd a brofir yn Milkwood, Pontcanna, dros bryd o fwyd gwych yng Nghaerdydd. Daeth dau at ei gilydd yn 2005, gan esgor ar genhedlaeth newydd o fwytai Cymreig. Ac wedi cyflwyno gastronomeg 'trwyn-i-gynffon' i'r brifddinas gyda'u llwyddiant mawr cyntaf, The Potted Pig, mae menter ddiweddaraf Gwyn Myring a Tom Furlong yn ffurfio asgwrn cefn sin bwytai Caerdydd.

Cwrdd yng nghegin Eidalaidd bwyty Cibo wnaeth y ddau, tra oedden nhw'n fyfyrwyr yn 2005. Roedd y bwyty wrth galon cymuned Pontcanna, gan weini pitsa a phasta o fri. Dros beint yn y Conway, dechreuon nhw drafod yr hyn yr oedd wir ei angen ar Gaerdydd. Er bod y ddau wrth eu boddau yn coginio rhyfeddodau a dysgu hen sgiliau cigyddiaeth, doedd nunlle'n gweini bwyd tebyg ar y pryd. Ar ben hynny, doedd yr un o'r ddau yn meddu ar hyfforddiant ffurfiol yn y maes – dim ond angerdd a'u cariad at fwyd.

O Hirwaun y daw Gwyn, ac aeth i Ysgol Rhydfelen cyn symud i Lerpwl i ddechrau gradd mewn Gwyddor Chwaraeon. Gwyddonydd ym maes geneteg oedd ei fam ac oherwydd hynny, ei dad (cyn-löwr a ymunodd â'r awyrlu yn ddeunaw oed) oedd prif gogydd y teulu. Dychwelodd Gwyn i Gymru a chanfod gwaith tu ôl i'r bar, a'i hudodd yn ôl i Lerpwl ac yna i St. Helens a'r Rhyl. Datblygodd yrfa fel 'flair bartender' – meistr coctels â chryn steil – a esgorodd ar ddiddordeb mewn diodydd a byd bwyd, gan arwain at radd mewn Maeth yn Athrofa Caerdydd.

Magwyd Tom yn wreiddiol yn Llundain ac yna Caergrawnt, cyn i'w dad – oedd yn Athro Cymdeithaseg – ennill swydd ym Mhrifysgol Abertawe. Symudodd y teulu i Greigiau, ar gyrion Caerdydd, pan oedd Tom yn bymtheg oed. Daw ei fam o Aberriw ac mae ganddo atgofion melys o fwyd ei nain – cyfrinach ei llwyddiant, meddai Tom, oedd ffrio popeth mewn lard! Tra oedd yn ddisgybl yn Ysgol Radyr dechreuodd weithio'n rhan-amser yn y Caesars Arms yng Nghreigiau, a'r Sportsman's Rest yn Llanbedr-y-fro. Wedi teithio am flwyddyn yn y Dwyrain Pell, dilynodd radd mewn Almaeneg ym Mhrifysgol Bryste. Tra oedd yno, bu'n gweithio mewn cyfres o fwytai yn

ardal fywiog Clifton. Cafodd yntau ei ddenu'n ôl i'r brifddinas gan radd mewn Celfyddyd Gain, cyn cwrdd â Gwyn yng nghegin Cibo, Pontcanna.

Dair blynedd ar ddeg yn ddiweddarach mae'r ddau yn parhau i greu hud yn yr un gegin. Ond peidiwch â drysu! Fe wireddwyd eu breuddwyd fawr wrth ddatblygu eu bwydlen ddelfrydol yn nhafarn fwyd y North Star, ar Heol y Gogledd, Gabalfa. Yno'n bendant y crëwyd saig debyg i *rillettes* y Potted Pig. Dyna oedd sail eu bwyty cyntaf ar stryd fawr y brifddinas, gyda bendith y bòs, Jahan Abedi.

Pan agorodd y bwyty yn 2011 – yn naeargell banc hynafol Lloyds – rwy'n eitha siŵr bod tân gwyllt wedi ffrwydro uwchlaw! Fe'n croesawyd i fwyty tanddaearol, dinesig, oedd ag adlais cryf o Manhattan, ac i gwtsh jin cyntaf Caerdydd ers dros ganrif! Profodd y fwydlen eu bod yn gig-garwyr o'u corun i'w sawdl – gan wneud defnydd o bob rhan o'r anifail.

Gwefr hefyd oedd bwyta cranc Sir Benfro yng Nghaerdydd, a llwyddodd eu saig adnabyddus i afael yn y beirniad bwyd dadleuol Jay Rayner gerfydd ei borc-peis bach. Bedair blynedd wedi hynny, yn 2014, datblygodd y ddau eu partneriaeth lwyddiannus wrth agor bwyty Eidalaidd-Gymreig yn Llandaf. Ystyr 'Porro' yw 'cennin', a bu'r briodas amlddiwylliannol (ag adlais bychan o Polpo yn Soho) yn un lwyddiannus tu hwnt i Gaerdydd. Creodd eu hamrywiad ar gaws pob – tost surdoes, cennin melys a chaws Talegio – gryn gynnwrf yn hen bentre Siasbar Tudur! Ymysg y seigiau sy'n dal i ddenu y mae'r *papardelle* boch yr ych, sy'n hyfryd gyda glasied o win coch Eidalaidd, i ddilyn Negroni neu Aperol Spritz.

Yn y cyfamser esblygodd y busnes, wrth i'r ddau gogydd hiraethu am dafarn 'go iawn' â dewis da o gwrw crefft. Prynwyd The Landsdowne yn Nhreganna a The Grange yn Nhrelluest, a'u troi yn gyrchfannau bwyd a diod ardderchog. Yna y llynedd bu cryn ddaeargryn, wrth i'r ddau dorri'n rhydd a gadael The Potted Pig a Porro ar eu holau. A'r ddau bellach yn briod, gyda'u teuluoedd eu hunain, roedd hi'n bryd dychwelyd at wreiddiau eu llwyddiant.

Pan welsant fod perchnogion Cibo, Andrea Bartley a Marco Vitolo, yn gwerthu'r busnes er mwyn ymddeol, camodd y ddau i mewn gyda syniad newydd sbon. Roedden nhw'n awyddus i gynnal yr ethos cymunedol oedd i'w deimlo yn y bwyty pentrefol, ond eto'n ysu i weld eu harddull goginio yn esblygu. Serch y siom fawr a deimlwyd ymysg cwsmeriaid ffyddlon Cibo, profodd Milkwood yn llwyddiant mawr.

Ar sawl achlysur pan fues i yno, nodais enwau mawrion ym myd bwytai Cymru yn gwledda yno ganol wythnos. Mae hynny wastad – i mi – yn arwydd o barch gan eiconau'r diwydiant, ond yn fwy na dim mae'n deyrnged i'r bwyty gan bobol sy'n perthyn i'r gymuned leol. Rhan fawr, yn bendant, o'r naws gartrefol a geir yno yw'r croeso a estynnir gan Andrew a Susie ym mlaen y bwyty. Daw Andrew o Lanedern, er iddo fod yn llywio bwyty Browns, Talacharn, tra bo Susie, o Little Haven, Sir Benfro, yn arfer gweithio yn The Grove yn Arberth ac ym mar Curado. Mae profiad helaeth y ddau yn sicrhau noson lwyddiannus.

Ond yn brysur yn eu hen gegin y mae Tom a Gwyn, yn hogi eu harfau cogyddol. Serch eu diffyg hyfforddiant ffurfiol, mae'r hwyl a'u hyder yn amlwg wrth iddynt amrywio eu bwydlenni'n wythnosol. Ges i facrell bendigedig ar noson lawog ym mis Hydref, a'r blasau Asiaidd yn ddigon i'w ddeffro o farw'n fyw. Ond naw mis wedi hynny, yn haul tanbaid Gorffennaf, profais fwydlen gyda'r gorau erioed. Wedi blas bach danteithiol yng ngŵyl Bite Cardiff yng Nghwrt Insole yn Llandaf, ailbrofais amrywiad newydd ar ein saig genedlaethol: tafod ac 'eirin' oen gyda chennin a bara lawr. Dilynwyd hynny â chegddu gyda brocoli a samffir, a thomatos heulsych a asiodd i'r dim â gwres y diwrnod tesog. Cyflwynwyd brithyll fy hen ffrind – cyd-loddestwraig â mi yn Cibo – â'r mws afocado ysgafnaf, cyn iddi wirioni ar brif saig yr wylys wedi'i fygu. Deilliai elfennau o bob saig o ambell ragflaenydd yn The Potted Pig a Porro, ond roedd y rhain yn fersiynau esblygedig ac wedi'u mireinio a'u perffeithio.

Yna, gyfeillion, daeth y diweddglo, mewn glasied Martini clasurol: sorbet Campari a grawnffrwyth pinc, wedi'i drochi mewn dau fath o jin. Sôn am bolish i'r paled, a danteithyn i ddefro'r daflod! Awn i'n ôl i Milkwood fory nesa, 'a dechrau yn y dechrau'n deg' o'r newydd. Teimlais yn aml gyda Cibo, 'O, na chawn i fyw y freuddwyd ym Mhontcanna!', a chael ciniawa yno yn llawer mwy aml. Wel, ein braint ni yng Nghaerdydd yw y cawn groesi afon Taf yn gyson, a hawlio dinasyddiaeth lawn yn rhan o freuddwyd fyw Gwyn Myring a Tom Furlong.

Milkwood, 83 Stryd Pontcanna, Caerdydd CF11 9HS
02920 232226

Purple Poppadom
Caerdydd

D au fag yn unig oedd gan Anand George pan gyrhaeddodd Gaerdydd yn 2007. Ond ymhen dwy flynedd, pan aeth adre i Kerala yn ne India, fe'i croesawyd fel cogydd adnabyddus. Nid cynhwysion y bagiau a arweiniodd at lwyddiant ei fwyty cyntaf, Mint and Mustard, rhwng Cathays a Gabalfa. Yn hytrach, cynhwysion ei galon – blasau ac arogleuon ei atgofion o wleddoedd ei blentyndod yn Fort Kochi.

Yn blentyn bach, fe'i hanogwyd i weithio'n galed gan ei fwydo lond ei fol. Lle'r ferch oedd y gegin, nid bachgen ar ei brifiant, ond eto yno y gwnâi Anand ei waith cartref. Dros ei lyfrau, fe lygadai symudiadau ei fam wrth iddi ffrio nionod a phowdrau a pherlysiau. Ac âi Joseph ei dad ag ef i fwytai yn ei amser sbâr, a ddwysaodd ei ddiddordeb ym myd bwyd.

Bu Kerala yn groesffordd fasnachol erioed, byth ers dyddiau'r Groegiaid a'r Persiaid. Bu'r Arabiaid yn ddylanwad, a Phortiwgal a'r Iseldiroedd, ganrifoedd lawer cyn i'r rhanbarth ddod yn rhan o Ymerodraeth Prydain. Yn wir, masnachwyr Portiwgal a gyflwynodd i Kerala saig cig moch mewn garlleg a gwin o'r enw *carne vinha d'alhos*. Ychwanegodd cogyddion lleol berlysiau, mwstard a sinsir i greu'r saig gyfarwydd *vindaloo*. Gyda'i arfordir a'i afonydd helaeth ceid hefyd yn y rhanbarth wledd o bysgod a bwyd môr – heb sôn am gardamom a phupur, sinamwn a chlofs, a milltiroedd o gaeau padi reis.

Hoff bryd bwyd Anand yn blentyn oedd cyrri macrell ei fam, Philomena – a dyna'i ffefryn hyd heddiw. Mae'r rysáit honno dan glo yn ei swyddfa yn Llandaf, ynghyd â channoedd o ryseitiau eraill ganddi. Mae'n troi atynt yn gyson wrth fynd ati i ail-greu ac ailddiffinio bwyd o India yma yng Nghymru. Ond pan oedd yn blentyn doedd dim parch at safle'r cogydd yng nghymdeithas ei famwlad – doedd dim 'chefs' yn bod, dim ond 'cooks' israddol. Roedd ei benderfyniad felly i gael ei hyfforddi fel cogydd, ar ôl graddio mewn Masnach a Chyfrifeg, yn dipyn o sioc i'r teulu.

Aeth i ysgol goginio yn Aurangabad cyn gweithio mewn cyfres o westai mawrion ledled India. Profodd agoriad llygad go iawn wrth deithio o Madras,

Rajasthan a Mumbai, gan werthfawrogi dulliau coginio amrywiol pob rhanbarth gwahanol. A daeth i arfer â rheoli degau o geginau ar unwaith a threfnu gwleddoedd anferthol, fel y rheiny yng ngwesty'r Taj Palace yn Delhi lle byddai rhwng mil a phum mil o westeion. Ond doedd dim llawer o barch yn India ei hun tuag at goginio rhanbarthol, ac felly fe deithiodd i Lundain, fel cynifer o'i gyfoedion.

Glaniodd yno, yn 2005, yn wyth ar hugain mlwydd oed a chychwyn o'r newydd, ar ris isa'r ysgol. Trwy drugaredd, dechreuodd weithio yng nghegin arloesol Vineet Bhatia, Zaika, a gipiodd seren Michelin am drin cynhwysion o India mewn modd cyfoes a dyfeisgar. Yno y creodd Anand un o'i lwyddiannau mwyaf, samosa siocled Gwlad Belg, sy'n un o'i bwdinau mwyaf poblogaidd hyd heddiw. Datblygodd yr hyder yn Llundain i fynd amdani go iawn, ac agor ei fwyty cyntaf ei hun. Diolch yn bennaf i'w gyllideb fechan bu'n rhaid iddo edrych y tu hwnt i Lundain, a chanfu'r safle perffaith ar gyfer ei weledigaeth ef yng Nghaerdydd.

Pan agorodd Mint and Mustard yn 2007 roedd yr effaith yn chwyldroadol, mewn dinas oedd yn orlawn o dai cyrri traddodiadol yn gweini *korma* a *tikka masala* 'hanner a hanner'. Profodd yr heriau cyllidebol, eto, yn fendith mewn gwirionedd; doedd dim arian i'w wario ar y decor arferol, a beth bynnag, roedd y waliau gwynion a'r golau naturiol yn gefnlen berffaith i'r brif seren, sef y bwyd. Fel y nodais yn fy nheithlyfr *Canllaw Bach Caerdydd*, 'Un o'r prydau sy'n serennu yw'r draenog môr *pollichathu* a goginir yn null Kerala, gyda garlleg, sialóts a dail cyrri, ac sy'n cyrraedd y bwrdd yn debyg i anrheg pen-blwydd, wedi'i lapio mewn dail banana. Bendigedig!' Yn 2009, diolch i seigiau o'r fath, dyfarnwyd Mint and Mustard yn un o 100 bwyty gorau Prydain.

Mae'r un saig yn union ar fwydlen Purple Poppadom, a agorodd Anand George yn Nhreganna yn 2011. Pan es i yno'n ddiweddar yng nghwmni fy nhad, roedd ei farn ef yn cyd-fynd yn llwyr â 'mhrofiad innau: 'Dyna'r draenog môr gorau i mi'i flasu yn fy myw.' Erbyn 2009, roedd y cogydd wedi synhwyro awch cryf ymysg cwsmeriaid Caerdydd am seigiau Indiaidd ac iddynt flas rhanbarthol. Roedd wrth ei fodd iddo brofi'r fath lwyddiant yng Nghymru, pan oedd pobol yn India yn dal i ystyried bod arlwy de India yn gyfystyr â 'bwyd brecwast'. Rhoddodd hynny iddo'r hyder i sefydlu Chai

Street drws nesaf i Mint and Mustard, yn gweini'r union fwyd hwnnw – cyrris wy, blychau 'tiffin' a chrempogau reis, a asiodd i'r dim a dechreuadau sin bwyd-y-stryd Caerdydd.

Aeth ymlaen, tra oedd yn llywio Purple Poppadom, i brofi llwyddiant mewn gwyliau bwyd; fe wirionodd ar Ŵyl Fwyd y Fenni ('y nesaf peth at hwyl a gwallgofrwydd marchnadoedd Fort Kochi,' meddai), a Gŵyl Bwyd Môr Bae Ceredigion yn Aberaeron, ynghyd â gwyliau bwyd Arberth a Dinbych-y-pysgod yn Sir Benfro. A phrofodd lwyddiant yng ngwyliau bwyd diweddar Caerdydd gyda'i gerbyd 'Tukka Tuk', sy'n gweini cyw iâr wedi'i ffrio gyda pherlysiau Kerala a 'sglodion Bombay', ymysg danteithion o dde India.

Yn wir, ei ymateb i Gymru yw fod cymaint yma'n gyffredin â harddwch Kerala – o lesni'r môr i wyrddni'r tir, a'r cynnyrch rhagorol fel macrell, sardîns a draenog môr. Yr unig wahaniaeth, meddai, yw fod Cymru'n llawer glanach, tra bo Kerala yn dioddef yn enbyd o orboblogi. Fe sylwodd wrth fynd adre, â thristwch mawr, gymaint o draddodiadau coginio Kerala sydd bellach wedi hen fynd yn angof. Dyna paham mai llyfr ryseitiau ei fam, ac angerdd ei ddiweddar dad Joseph George am fwyd, sy'n dal i'w danio wrth barhau i ddyfeisio, a chydweithio â phobl leol. Mae ganddo'r parch mwyaf at ei gyfaill, y cogydd Sephen Gomes o fwyty Moksh, sy'n arbenigo mewn seigiau rhanbarthol o Goa yng Nghei'r Fôr-forwyn yn y Bae. Ac ni fyddai chwaith wedi llwyddo heb gymorth sylfaenol rhwydweithiau, clecs a chynnyrch Mrs Madhav yn ei siop groser a'i bwyty llysieuol hithau yng Nglanyrafon.

Yn wir, ychwanegiad newydd, diweddar, i fwyty Purple Poppadom – mewn cydweithrediad â Chlwb Jin Caerdydd – yw'r fwydlen flasu wedi'i pharu â jin. Cyfosodwyd ffresni jin gwymon Dhà Mhìle o Landysul a saws cyfoethog y draenog môr *pollichathu*. Roedd jin *lassi* ffrwythog Crazy Singh yn berffaith gyda'r cyw iâr blas coriander a'r samosa a raita iogwrt a phomgranadau. I bwdin, mae *crème brûlée* blas rhosyn a the gwyrdd Anand George yn adnabyddus – am reswm da – ers blynyddoedd. Ond ar gyfer y fwydlen flasu fe gyflwynwyd y *crème brûlée* â chynhesrwydd sbeislyd *garam masala*, ar y cyd â'r samosa siocled cyfoethog o Wlad Belg. Gyda'r melysion parwyd jin blas eirin gwlanog mewn cwpan a soser gan roi blas chwareus o ddyddiau olaf y Raj.

Ond ar y fwydlen hefyd mae'r saig sy'n rhoi'r balchder mwyaf i Anand George, sef y draenog môr Tiffin, a gipiodd wobr y Gwpan Tiffin yn Nhŷ'r Cyffredin yn 2014. Y rheswm am ei falchder anghyffredin yw'r ffaith – fel y dengys hanes amlddiwylliannol Kerala – ei bod bron yn amhosib perchnogi unrhyw rysáit Indiaidd mewn gwirionedd, am fod pob rysáit wedi etifeddu dylanwadau di-ri. Ond fel y beirniaid yn Llundain, a'u llygaid yn syn, gwirionodd Anand yn llwyr ar farn ei ffrindiau o Kerala: 'Mae'r blasau mor gyfarwydd, ac eto'n newydd sbon!'

Profodd y cogydd daith faith, 5,000 o filltiroedd o hyd, i ail-greu'r wefr a deimlodd yn blentyn yn y gegin. Deilliodd hynny o'r cariad mawr a ddangosodd ei rieni ato trwy fyd bwyd; a'r un profiad a geir fel cwsmer yn Nhreganna.

Purple Poppadom, 185a Cowbridge Road East, Treganna, Caerdydd CF11 9AJ 02920 220026

Restaurant James Sommerin
Penarth

Dyn i'ch synnu yw'r cogydd â'r seren Michelin, James Sommerin, Penarth. Mae'n un o'r enwau hynny sy'n ennyn parch a chwilfrydedd, ac eiddigedd ymysg cogyddion Cymru. Mae'r cyfenw ei hun yn arwain rhai i'w gamddehongli a holi ymhle yn union yn Ffrainc y cafodd ei eni. Mae'n chwerthin bob tro, gan mai Cymro ydy e, o Gaerllion, a'i gyndeidiau'n forwyr o Norwy. Yn wir, mae'r teulu yn hollbwysig i James Sommerin, fel y mae pob cam o'i yrfa yn ei brofi. A'r ffaith nad yw'n deillio o gefndir Michelin yw'r tanwydd sy'n ei yrru.

Cemegydd oedd ei dad yng ngweithfeydd dur Llanwern, a thafarndai oedd maes gwaith ei fam. Dysgodd James goginio'n gynnar yng nghegin ei fam-gu, wrth ffrio crempogau a phice ar y maen a phobi bara. Roedd grefi ei brisged cig eidion hi mor flasus, yn wir, fel y byddai James yn ei yfed â llwy wrth ei droi! Ceisiodd ei dad ei ddarbwyllo mai gyrfa orffwyll oedd coginio, wrth ganfod swydd ran-amser iddo'n ddeuddeg oed. Ond gwirionodd James ymhellach dan ofal Max a Tina Sadano yng nghegin Chez Giovanni, Casnewydd. A gwnaeth y ffaith iddo fedru fforddio daps Reebok cyn ei ffrindiau hefyd helpu i'w ysbrydoli.

Dioddefodd ei arholiadau wrth iddo weithio o fore gwyn tan nos mewn bwytai yn y Fenni, a Chaerllion ar benwythnosau. Gadawodd yr ysgol yn gynnar i fynd i'r coleg arlwyo yng Nghaerdydd, a chafodd waith yng ngheginau'r Celtic Manor a Chwrt Bleddyn yn Llangybi. Symudodd wedyn i'r Alban, yn un ar bymthegmlwydd oed, i westy Farleyer House yn Aberfeldy. Ei fentor mawr yno oedd Richard Lyth, a'i trwythodd yn ei ffordd ysgafnach ef o goginio yn y dull Ffrengig, clasurol.

Yna yn ddeunaw mlwydd oed, wynebodd James foment dyngedfennol pan ffoniodd ei dad i ddweud ei fod ef a Louise, ei gariad, yn disgwyl plentyn. Roedd ymateb ei dad yn rhy anweddus i'w ailadrodd! Er tegwch ag ef, roedd hyd ei bengliniau mewn llifogydd yng Nghasnewydd ar y pryd, ac fe ymddiheurodd i'w fab yn ddiweddarach. Yn groes i'r disgwyl, roedd ei fam wrth ei bodd a ganed Georgia yn 1999. Priododd James a

Louise cyn dychwelyd i Gymru yn y flwyddyn 2000, chwe mis cyn i fam James huno.

Cafodd waith fel is-gogydd yn The Crown at Whitebrook, Sir Fynwy, yn cynorthwyo Mark Turton, cyn cael ei apwyntio'n brif gogydd yn 2003. Bu yno am 13 blynedd, gan ennill seren Michelin yn 2007. Yno, yn wir, y profais fy mhryd bwyd arallfydol cyntaf, a chofiaf y profiad o wylio coffi ewynnog yn cael ei daenu dros gimwch, a minnau'n gegagored! Yn y caban yn y coed yn Sir Fynwy y dysgodd James am ddysfeisgarwch. Creodd yno sawl saig arloesol, gan gynnwys ei 'rafioli' pys, oedd yn seren ar ei fwydlen *Great British Menu*. Yno hefyd y dechreuodd Georgia, ei ferch hynaf (o dair), ar ei gyrfa hi yn y gegin yn dair ar ddeg mlwydd oed.

Gwaetha'r modd, daeth ei gyfnod yng Ngwenffrwd i ben gyda deuddydd yn unig o rybudd, wrth i'r rheolwyr ddioddef problemau dybryd ariannol. Bu'n ymgynghorydd am gyfnod, ac yna aeth yn steilydd bwyd – unrhywbeth i gadw dau ben llinyn ynghyd. Ei freuddwyd fawr oedd agor ei fwyty ei hun, a chyflawnwyd hynny ym Mehefin 2014. Diwrnod yn unig a dreuliodd James i ffwrdd o'r gwaith yn ystod y flwyddyn orffwyll gyntaf, i fynd â'i ferch fach i barc Peppa Pinc. Ond o'r lludw fe ddaeth llwyddiant yn 2016, wrth i James ennill seren Michelin a hynny dan ei enw ei hun.

Ond nid enw James yn unig a gynrychiolir yn y bwyty; yn wir, fe'i hamgylchynir gan ferched y teulu. Yn rhedeg y bwyty mae Louise, ei wraig, ar y cyd â dwy o'i chwiorydd. Wrth ei ochr ers tair blynedd mae Georgia yn is-gogydd, ac ar y wal mae llun o Elinor, ei fam-gu. Etifeddodd James ei rhadell pice ar y maen hi, a drysorir yng nghegin y bwyty.

Mae'r llun i'w weld trwy ffenest y gegin agored, sy'n denu'r llygad ar bob ymweliad. Mae'n anodd iawn cystadlu â morlun Penarth, ond mae'r gegin yn llwyfan cyson i sioe hud a lledrith. Gerllaw, mae ffatri syniadau James – sgrin lydan sy'n llawn nodiadau. Mae'r stafell yn chwaethus heb ymddangos yn rhy foethus; ceir croeso i bawb yn y bwyty. Fin nos, mae'n ynys glyd, ymhell o helbul byd.

Ar y prom, goleuadau tylwyth teg sy'n ffinio'r tir a'r môr. Mae'r fwydlen, fodd bynnag, yn uno'r ddau fyd, i rythm y llanw a'r trai. Cyflwynir ar gerrig o draeth Penarth gracyr gwymon, a tharamasalata. Pe bai'n bosib archebu pentwr cyfan ohonynt, fe'u llyncwn mewn un chwinciad. Yn gydymaith iddo, *gougère* caws gafr a chloron, gyda'r saws yn diferu o'r pestri. Yna taenwch drwch o fenyn gwymon wedi'i fygu dros y bara cartre ffres o'r popty. Mae'n gyflwyniad arbennig i'r pryd i bob cwsmer, p'run a ydyn nhw yno am bryd ar wib neu ar gyfer y fwydlen flasu.

Os na fuoch chi ar gyfyl y bwyty erioed, yna ceir seigiau y mae'n rhaid eu blasu. I gychwyn ewch yn syth am y rafioli pys, yna'r merllys a llysywen wedi'i mygu. Daw cig oen y prif gwrs o fferm Old Cogan Hall rai munudau i ffwrdd ym Mhenarth. Manteisiwch hefyd ar y cyfle i flasu draenog môr a gyflwynir mewn cawl langwstin. Yna, i bwdin, does dim modd curo *soufflé* enwog James Sommerin; blas almwn â cheirios ag adlais o darten Bakewell ganol gaeaf, yna mafon – a hufen iâ fioled – dros yr haf.

Cyflwynir y cyfan gan y cogyddion eu hunain, gan egluro pob mân gynhwysyn. Ceir elfen bersonol i'r ddefod honno, ac mae'r balchder yn amlwg ar wynebau pawb. Yn ôl James, mae'n bur debyg yr aiff Georgia ymhellach nag ef yn ei gyrfa goginio. Os felly, mae siwrne a hanner o'i blaen, i gystadlu â mordeithiau ei hynafiaid Norwyaidd. I James, etifeddiaeth y teulu sydd flaenaf; ymlaen, felly, at ail seren Sommerin.

Restaurant James Sommerin, The Esplanade, Penarth
CF64 3AU 02920 706559

Heaney's
Caerdydd

Wedi i Tommy Heaney adael gwesty The Great House yn Nhrelalaes; ar ôl i'r Gwyddel wneud cyfraniad mawr mewn cornel bach o fro Morgannwg camodd yn hyderus i'r Brifddinas, i agor ei fwyty newydd; am gyfnod, ar ffurf atyniad 'dros-dro', cyn 'lansio' yn swyddogol ddechrau'r hydref. Ystyriais yn ofalus cyn cynnwys bwyty 'newydd sbon', ond cafwyd trawsblaniad llwyddiannus gan gogydd anturus o galon y fro i fwrlwm y ddinas.

Lleolir y bwyty ar ffin anweledig, sy'n bair ysbrydion cogyddion Caerdydd. Bu'n gonglfaen ym myd bwytai'r ddinas ers degawdau, rhwng Pontcanna a Threganna. Fe'i anfarwolwyd am hir ar ffurf Le Gallois, seren ddisglair Caerdydd y nawdegau. Ond yn 2012, caewyd yr eicon Ffrengig-Gymreig – lle fu'r cogydd Padrig Jones am gyhyd – cyn agor cangen o fwyty Oscars, y Bontfaen. Ers 2014 bu bwyty mawr ei barch yno – Arbennig – dan arweiniad y cogydd John Cook a'i wraig Ceri. Pan benderfynon nhw ganolbwyntio ar eu busnes llysieuol, DIRT, esgorwyd ar bennod newydd sbon yn yr hanes.

Magwyd y Gwyddel Tommy Heaney ar Falls Road, Belffast, cyn i'r teulu symud i Crumlin, ar gyrion y ddinas. Yn llanc anystywallt, fe'i ddanfonwyd i'r UDA i gynorthwyo'i ewythr yn ei fwyty, 'Legends'. Bwyd y môr sy'n teyrnasu yn nhalaith Maryland, a buan iawn daeth Tommy'n frenin yn y gegin. Yn 19 mlwydd oed, dychwelodd i Belfast, wedi arfer â chwarae rôl y prif gogydd. Ond fel dywed Tommy ei hun, roedd angen pin yn ei swigen, a dyna a brofodd ym mhen arall y byd. Wedi cyfnod yn Sydney, daeth i ddeall bod pleser mawr mewn dysgu'i grefft dan adain meistri eraill.

Pa beth arall ond cariad a'i ddenodd i Forgannwg? a bu'n rhan o lwyddiant cynnar Bar 44. O'r bwyty tapas cyntaf ar stryd fawr y Bontfaen, aeth ymlaen i sefydlu cangen Penarth. Cafodd flas ar goginio â chynnyrch lleol, tymhorol, ond fe ysai i lunio'i fwydlen ei hun. Cododd yr union gyfle hwnnw yn 2015, pan dderbyniodd swydd prif gogydd gwesty a bwyty The Great House yn Nhrelales, a sefydlwyd yn 1558. Glaniodd yno ar groesffordd

yn hanes Y Tŷ Mawr, wrth i'r perchnogion benderfynu ymddeol. Rhoddwyd yr hen 'sweet trolley' i'r neilltu ac addaswyd gwedd y bwyty pan lansiwyd Restaurant Tommy Heaney yno yn 2017.

Denodd clod a bri blogwyr lu i'r bwyty. Cydweithiodd yn gyson â chynhyrchwyr lleol – o ffermwyr a fforwraig i fragdy cwrw crefft – i greu atyniad bwyd gwobrwyol ym Mro Ogwr. Ymgartrefodd ym Mhen y Fai gyda'i bartner Nikki (sy'n rheoli'r bwyty), sy'n wreiddiol o Benybont ar Ogwr. Ond fel nifer o gogyddion, dyheodd Tommy am gynulleidfa eang; bu ond y dim iddo symud i Fryste, cyn cododd y cyfle yng Nghaerdydd.

Mae'r berthynas yn parhau â nifer o gynhyrchwyr y fro yn ei fwyty newydd sbon yng Nghaerdydd. Bragir cwrw Tommy Heaney gan fragdy Bang-On, Penybont, tra fod y cig oen yn deillio o fferm yn Llanilltud Fawr. Gweinir y cig oen melys hwnnw â hufen brwyniaid a pherlysiau môr. Caiff y deiliach hallt eu fforio gan Sasha Ufnowska, sy'n helwraig o Landudwg, ym Mae Ogwr a Merthyr Mawr.

Ond yn naturiol, wrth symud, mae Tommy Heaney yn chwilfrydig, i archwilio 'bwtri naturiol' y brifddinas, a ceir naws mwy dinesig i fwyty Heaney's. Diweddarwyd y gofod i gynnwys celf croenluniau cyfoes gan yr artist lleol Justin Oldham. Fel nifer o gogyddion y gyfrol, mae Tommy Heaney wedi'i orchuddio â thatŵs, a'i ddymuniad oedd i'w fwyty adleisio hynny. Ar ei freichiau mae portreadau o'i blant, Jamie a Lucy-Jo ac enw ei dad-cu, Joe.

Ceir hefyd elfen o'r annisgwyl yn y plateidiau bychain o fwyd, wrth i nifer fawr o'r seigiau eich diddanu. Creodd frathiad o'r bara menyn chwyldro ym mhen Emyr Young, ffotograffydd y gyfrol hon. Buodd yn dyfalu am hydoedd union gynnwys y menyn nefolaidd cyn cael ei frawychu gan yr ateb; marmite! Digon yw dweud, wedi'r sylweddoliad, bu bron iddo dagu, cyn estyn yn syth am dafell arall, yn ddi-oed.

Fe ddychwelwn mewn chwinciad am fwy nag un platiad o'r creision artisiog. A chwalwyd fy mhen gan y maelgi blas cyri (ganol gaeaf), neu ddil (dros yr haf), diolch i'r paru â sorbet marchruddygl *(horse-radish)*. Ceir hefyd digon o esiamplau o gyfuniadau Traws-Asiaidd sy'n deillio o gyfnod Tommy yn Awstralia, fel corbwmpen a confit hwyaden mewn cawl fenugreek â melynwy wedi'i fygu.

Fel pob cogydd gwerth ei halen mae Tommy Heaney yn ei elfen ym mhob tymor o'r flwyddyn. Ganol gaeaf, gwna'r mwyaf o flasau fel betys a gwaed-orenau, gan droi'r byd ben i waered am gyfnod byrhoedlog wrth gyflwyno'r llysieuyn piws llachar yn bwdin melys. Dros yr haf, cyflwynwyd pwdin eirin gwlanog, mafon a hufen, yn dro cyfoes ar y clasur Peach Melba; ond gwell fyth oedd praline caramel mewn briwsion brag, â sorbet iogwrt a diliau mêl.

Mae nhw'n dweud 'Wrth i un drws gau, mae un arall yn agor' ac mae'r hen ddywediad yn berffaith wir ym myd bwytai, ym mhob man. Bu agor bwyty dros-dro yng Nghaerdydd yn arbrawf lwyddiannus i Tommy Heaney; fe greodd gryn gyffro yn y gymuned, gan hwyluso lansiad mawr. Difyr yw nodi – fel yn achos The Warren yng Nghaerfyrddin – mai ymgyrch dorfol oedd yn gyfrifol am rannol-ariannu y busnes, gan brofi bod awch ymysg y Cymry i gefnogi bwytai anibynnol. Ac er mai cynrychioli Gogledd Iwerddon wnaeth Tommy Heaney yn 2016 a 2018 ar raglen deledu boblogaidd Great British Menu, mae'n daer dros Gymru, ac mae ei blant yn Gymry i'r carn. Trwy'r rhaglen, daeth yn ffrindiau â brodyr Barrie y Marram Grass un o berlau disgleiriaf Sir Fôn. Mae nhw eisioes wedi cydweithredu â'i gilydd ac mae cynlluniau i gryfhau'r ddolen rhwng y Gogledd a'r De. Mewnfudwyr ydynt oll, ac ymysg y cenhadon mwyaf angerddol dros flasau'r fro – a'r ddinas Gymreig.

Heaney's, 6-10 Cilgant Romilly, Pontcanna, Caerdydd CF11 9NR

The Thai House / Bangkok Cafe
Caerdydd

Pan ddaeth Noi Ramasut i Gaerdydd ar droad y saithdegau, ei ymateb cyntaf oedd 'ble mae'r bwyd?' Daeth o fwrlwm Bangkok, lle roedd bwyd yn gwbl ganolog, i ddiwylliant truenus cwrw cynnes a *pork scratchings*. Bron i hanner can mlynedd wedi iddo symud i Gymru yng nghwmni'i wraig Arlene, gall y ddau hawlio'n bendant iddynt gyfoethogi'r diwylliant bwyd Cymreig, ac arloesi yn ninas Caerdydd.

Mae gwreiddiau The Thai House, a'i frawd-fwyty Bangkok Cafe, yn deillio o bentre Corneli, Morgannwg. Yno y ganed Arlene cyn i'r teulu symud i Lundain, lle'r aeth ei thad i weithio i heddlu'r Met. Fe'i magwyd hi yn Camden, mewn cyfnod o chwyldro cymdeithasol, ac aeth ymlaen i raddio mewn Hanes o Brifysgol Southampton. Ond teithio aeth â'i bryd; dilynodd yr *hippie trail* i bendraw'r byd a sefydlu busnes dysgu Saesneg yn Bangkok. Yno y cyfarfu â Noi – mab i gadfridog o deulu cefnog; priododd y ddau, gan fyw'r freuddwyd yno am bum mlynedd.

Roedd y ddinas, ar y pryd, yn ddihangfa rhag Rhyfel Fietnam i nifer o bobl oedd yn chwilio am hwyl mewn 'tre parti'. Ond pan dderbyniodd Arlene newyddion pryderus am ei hen ewyrth, 'adre' i Gymru at ei gwreiddiau hithau yr aeth y ddau. Trodd Arlene at faes addysg, gan ddilyn doethuriaeth mewn Anghenion Arbennig, a graddiodd Noi mewn Economeg o Brifysgol Caerdydd. Wedi cyfnod fel cyfrifydd sefydlodd yntau sawl busnes, gan gynnwys cwmni mewnforio cynnyrch o Wlad Thai. Trodd ei law at saernïo dodrefn o gorsenni bambŵ, gan agor ffatri yn Nhrefforest i ddarparu ar gyfer siopau adnabyddus – Debenhams yn eu plith.

Yna yn 1985, trodd ei olygon at fyd bwytai, gan agor The Thai House ar y Stryd Fawr, ble safodd bar Floyd's am flynyddoedd mawr. Roedd Noi ac Arlene yn benderfynol o'r cychwyn o weini bwyd Thai o'r safon uchaf, mewn bwyty ac iddo urddas a naws chwaethus tu hwnt. Nid 'tŷ cyrri' cyffredin mohono, o bell ffordd. Yn wir, gosododd y ddau gynsail gref i'r cysyniad o fwyty Thai yn y Deyrnas Unedig, gan mai dim ond pump oedd ar gael ledled gwledydd Prydain ar y pryd. Profodd y bwyty'r fath lwyddiant nes y bu'n rhaid symud i ofod ehangach, a symudwyd y Tŷ Thai i Gilgant Guildford. Saif yn gadarn, mewn gwisg o las brenhinol, wedi'i wasgu rhwng y Seiri Rhyddion a'u teml hynafol a chlwb nos hynod fywiog Gwdihŵ.

Fe'ch croesewir i hafan heddychlon â lliwiau pren ysgafn, â lleisiau cyfoethog Dusty Springfield ac Ella Fitzgerald i'w clywed uwchlaw. Tra bo'r elfen weledol yn adlewyrchu chwaeth Arlene, tiriogaeth Noi yw'r gerddoriaeth. Gwisgo'r Sabai traddodiadol mewn sidan amryliw wna aelodau'r tîm gweini. Yn eu plith ar benwythnosau flynyddoedd yn ôl roedd Tamsin a Catryn – merched Noi ac Arlene – tra oedd eu brawd Tom yn chwarae pêl-droed. Cychwynnodd y ddwy yn y gegin, yn tynnu cregyn corgimychiaid, pan oedden nhw'n ddisgyblion yn Ysgol Glantaf.

Erbyn hyn, mae Catryn yn gynhyrchydd ffilm a theledu ac yn fam i dri gyda'i phartner Gruff Rhys, ac mae Tom yn bennaeth hyfforddi academi bêl-droed Dinas Caerdydd. Aeth Tamsin i Lundain, i ddilyn gradd mewn Daearyddiaeth, cyn cychwyn ar yrfa mewn datblygu cymunedol yn Tower Hamlets. Wedi cyfarfod â Steve, o Lundain, ganed Lili a Morgan, ac fel ei mam o'i blaen dychwelodd adre i Gymru. Agorodd y teulu ail fwyty yn 2011, oedd yn esblygiad naturiol o'r weledigaeth wreiddiol – bwyty anffurfiol Bangkok Cafe yn Nhreganna. Mae lliwiau llachar yr ystafell a gynlluniwyd gan Bethan Gray yn asio i'r dim ag estheteg newydd Bangkok, a'r pwyslais ar steil cyfoes, cyffrous. Mae'r fwydlen, yn ogystal, yn cynnwys pwyslais gwahanol; tra bo The Thai House yn argymell gwledd o seigiau traddodiadol i'w rhannu, mae Bangkok Cafe yn cynnig profiad mwy annibynnol. Steve a Tamsin sydd wrth y llyw, gyda Tamsin yn rhedeg y ddau fwyty – ei thad yw'r 'Cadfridog Pum Seren', a 'Chadfridog Tair Seren' yw ei rôl hithau, meddai hi!

Yn bendant, mae'r bwytai yn cynnig profiadau gwahanol i'w gilydd, er bod iddynt yr un pwyslais ar letygarwch – a gweini bwyd Thai – o'r safon uchaf. Y tro cyntaf i mi brofi blas Thai oedd yn lleoliad gwreiddiol The Thai House, yng nghwmni'r teulu yn ystod fy arddegau. Ffrwydrodd tân gwyllt yn fy mhen wrth sawru gwledd i'r synhwyrau, gan gychwyn carwriaeth oes â blasau sawrus-flodeuog nodweddiadol Gwlad Thai. P'run a ydych yn ysu am sbeis i gynhesu neu'n dioddef o benmaen-mawr, mae 'na ateb bob tro ar fwydlenni'r bwytai. Rwy'n siŵr fod grymoedd goruwchnaturiol yn perthyn i

gawl perlysieuol Dom Yam, a'i chwa o tsili, lemwnwellt a chorgimychiaid. Ceisiaf fy ngorau i amrywio fy archeb, ond amhosib bron yw gwrthsefyll atyniad y cyrri Thai coch, sy'n cynnwys brithyll ffres Cymreig ganol haf. Ffefrynnau eraill, ers y cychwyn, yw'r cyw iâr *satay* a'r cyrri gwyrdd, ynghyd â'r clasur cenedlaethol, Pad Thai.

Ond mynnwch herio eich hun i brofi seigiau hollol wahanol; mae'r Gang Massaman Gah On yn enghraifft arbennig. Wrth weini'r cyrri cig oen Cymreig â thatws a chnau mwnci yng Ngŵyl Fwyd y Fenni, fe wnaeth cyfaill mawr y teulu, Franco Taruschio (The Walnut Tree gynt), gyflwyno'r saig i'r cogydd anfarwol Michel Roux. 'Anhygoel' oedd ymateb y meistr, gan rannu gair o gyngor â'r teulu: 'Newidiwch y cig oen o'r ysgwydd i'r gwddf.' A dyna a fu, fyth ers hynny!

Yn Bangkok Cafe, ar y llaw arall, fe af yn gyson am y saig hwyaden, Gang Dang Bed, ers ei phrofi ar ffurf byrbryd tanbaid bwyd-y-stryd yn Tafwyl, Castell Caerdydd. Ond Pla Tord yw ffefryn Tamsin – draenog môr wedi'i ffrio a'i weini â saws leim a tsili, a Moo Pat Bai Grapow yw hoff saig Steve – cig moch a garlleg, tsili a brenhinllys, o The Thai House. Gyda'r fath bwyslais ar flasau niferus – ceir deuddeg saws 'dipio' bob dydd – neilltuir y rhan fwyaf o oriau'r diwrnod i'r gwaith paratoi. Mor gywrain yw'r holl fanylion fel na all rhai lai na rhyfeddu at ymrwymiad y teulu. Un o'r rheiny yw Steve Hindmarsh, ffrind mawr i Noi ac Arlene, a pherchennog tafarn fwyd ragorol The Bear yng Nghrucywel. Ar ôl sylwi bod pob *spring roll* o'r un maint a'r un gwneuthuriad yn union, meiddiodd grechwenu a holi o ble roedd y teulu yn eu prynu. Ysgogodd ei gwestiwn fonllefau o chwerthin, yn seiliedig ar falchder anghyffredin; paratoir pob gronyn, fel popeth arall ar y fwydlen, i'r un safon gyson yn y gegin.

The Thai House, 3–5 Cilgant Guildford, Caerdydd CF10 2HJ
02920 387404
Bangkok Cafe, 207 Cowbridge Road East, Treganna, Caerdydd CF11
9AJ 02920 340455

The Walnut Tree Inn

Llanddewi Ysgyryd

Un o'r bwytai brafiaf yng Nghymru, heb os, yw'r Walnut Tree, sy'n hawlio seren Michelin. Yn hafan glyd, gartrefol yng nghysgod yr Ysgyryd Fawr, fe'i lleolir ar ffordd gefn ychydig i'r dwyrain o'r Fenni. Mae ymweliad yn brofiad arbennig bob tro, a hanes y bwyty yn chwedlonol erbyn hyn. Bu iddo enw da erioed, dan arweiniad Franco ac Ann Taruschio, wrth uno cynnyrch Cymreig mewn glân briodas â seigiau Eidalaidd. Wedi deugain mlynedd yno, roedd hi'n amser ymddeol; aeth pethau o chwith braidd i'r bwyty wedi hynny. . .

I gychwyn, cafwyd llwyddiant dan arweiniad Stephen Terry, ond bu tensiynau rhyngddo ef a'r rheolwr, Francesco Matteoli. Wedi i'r cogydd disglair adael i sefydlu The Hardwick, daeth y dyn ei hun, Gordon Ramsay – nid i goginio ond i ffilmio'i raglen deledu, *Kitchen Nightmares*. Peidied neb â chredu fod pob cyhoeddusrwydd yn help; roedd y bennod ddrwgenwog yn ddigon i gau'r bwyty am flwyddyn gron.

Yn wreiddiol doedd gan Shaun Hill ddim diddordeb mewn camu i'r adwy, er i ffawd druenus y bwyty ei dristáu. Tra oedd yn llywio ceginau Michelin Gidleigh Park yn Nyfnaint a Merchant House yn Llwydlo roedd y 'Gollen Ffrengig' wastad yn ddihangfa braf iddo, gyda'r croeso teuluol a'r bwyd syml yn plesio bob tro.

Ond wedi deugain mlynedd a mwy yn y busnes ei hun, roedd yn hapus i sgrifennu a gwneud gwaith ymgynghorol, i Fortnum and Mason a British Airways ymysg cwmnïau eraill. Fe'i ganed yn Antrim yng Ngogledd Iwerddon, cyn symud gyda'i deulu yn blentyn i Camden Town. Wedi graddio yn y Clasuron, dechreuodd weithio yng ngheginau Llundain, gan bontio'r cyfnod rhwng y traddodiad Ffrengig a Nouvelle Cuisine.

Dros y blynyddoedd bu'n gysylltiedig â gwreiddiau gastronomeg foleciwlar, ac yn geffyl blaen wrth ddathlu bwyd rhanbarthol Prydain. Roedd wrth ei fodd yn trawsffurfio Llwydlo yn 'gyrchfan fwyd' o fri – ac yn wir, bu wrth ei fodd erioed yn ardal odidog y Gororau, ar y ffin rhwng Lloegr a Chymru. Felly pan gafodd gynnig oedd yn amhosib ei wrthod – i goginio yn

unig heb ddim gwaith papur – cyflymodd y galon, ac estynnodd yn syth am ei ffedog a'i wisg wen.

Ers ailagor y Walnut Tree yn 2008 aeth y bwyty o nerth i nerth, gan ailgipio seren Michelin. Ceir cywirdeb i'r coginio, ond gwneir hynny'n ddiffwdan; mae'n fwyd gonest sy'n driw i'r cynhwysion. Mae'r gofod ei hun yn braf a chyfforddus, ac ni cheir arlliw o agwedd ffroenuchel. Mae'r darluniau amryliw gan y diweddar William Brown o gymorth wrth greu naws anffurfiol.

Mae'r fwydlen bersonol yn hunangofiannol; ceir adlais o gyfnodau'r cogydd mewn bwytai amrywiol, ynghyd â'i brif ddiddordeb, teithio rhyngwladol. Diguro, yn wir, yw'r ddêl amser cinio – am 'dri chwrs', ynghyd â thamaid i aros pryd. Ar fy ymweliad mwyaf diweddar mwynheais *croquette* teisen bysgod â blas perlysiau o'r Dwyrain, gan gynnwys chwa sitrws lemwnwellt. Mae un cegaid o'r bara llaeth enwyn fel toddi mewn gwely o wlân cotwm, gan gynnig addewid mawr ar gyfer y brif wledd.

Un o hoff gyrchfannau'r cogydd yw Kerala yn ne India, ac fel cwrs cyntaf ceir seigiau synhwyrus o'r rhanbarth hwnnw. Mae'r maelgi *tandoori* yn bendant yn werth ei brofi, a'r cyrri Kerala yn nefoedd ar y ddaear. Chwyrnwr coch (*red gurnard*) yw dewis y cogydd ar gyfer y saig – pysgodyn cadarn, sy'n gweddu i'r cwmin a'r cnau coco i'r dim. Yn brif gwrs rhaid argymell y gwningen mewn *crème fraîche* mwstard, neu gawl selsig o'r enw *choucroute*. Saig Ffrengig i dwymo'r galon ar ddiwrnod gaeafol yw hon, sy'n hyfryd iawn gyda gwin gwyn sych o Alsace. Yna i orffen mewn steil ceir rhestr faith o bwdinau, o hen ffefrynnau i gyfuniadau newydd sbon. Ceir *meringue* lemwn a *crème caramel* a hefyd Alasga Pob blas menyn cnau mwnci. Ond perffeithrwydd ar blât yw'r *parfait* banana a siocled, a gyfosodir â sioc drydanol sorbet leim. Ffefryn mawr y dyn ei hun yw'r 'treiffl' Semlor o Hwngari, y bu'n ei weini yn Soho ar hyd y saithdegau ym mwyty y Gay Hussar.

Gwibiodd degawd heibio mewn chwinciad ar gyrion y Fenni i Shaun Hill yn y Walnut Tree, ac yn ystod ei gyfnod yno mae wedi cwblhau hanner can mlynedd yn y byd arlwyo. Wrth fyfyrio'n achlysurol wrth fynd â'r ci am dro, mae'n cydnabod mai damwain fu'r cyfan. Doedd e ddim wedi bwriadu gweithio fel cogydd am gyhyd – ond dyna a fu, ac mae Cymru ar ei hennill o'r herwydd. Nid ar chwarae bach y mae goroesi yn y busnes, ond 'cadw i

fynd' yw'r gyfrinach, medd ef. Er mor agos yw Lloegr i Landdewi Ysgyryd, rhai ag enwau Cymreig sy'n llenwi ei fwyty o ddydd i ddydd – cyfenwau fel Williams, Jones, Evans, Davies a Griffiths. . . ac mae'n ddiolchgar am gefnogaeth pob un.

The Walnut Tree Inn, Hen Ffordd Rhosan ar Wy, Llanddewi Ysgyryd, Y Fenni NP7 8AW 01873 852797

The Whitebrook
Gwenffrwd

Mae cerdded i mewn i The Whitebrook fel canfod byd cudd a chainc golledig o'r Mabinogi. Cewch eich swyngyfareddu gan brofiad 'unwaith mewn bywyd' a byw breuddwyd wnaiff bara am oes. Mae'r stori hon yn cychwyn amser maith yn ôl, mewn pentre bach yn Nyffryn Gwy. Roedd yno goedlan hynafol, a chlychau'r gog, a cherrig llam i groesi afon Gwenffrwd. . .

Arwr y stori yw gweledydd o fri, sy'n chwarae ag atgofion lu. Wynebodd bob math o rwystrau a siomedigaethau cyn cyrraedd y brig a dod yn ôl at ei goed. Cafodd gyngor da gan arwr, a chawr mawr caredig, cyn priodi yno â meinwen deg. Gwnewch eich hun yn gyfforddus oherwydd, barod neu beidio, dyma hanes Chwedl Gwenffrwd. . .

Un freuddwyd oedd gan Chris Harrod yn saith oed yn Swydd Gaerwrangon – mynd yn gogydd, fel Raymond Blanc a Keith Floyd. Paratôdd wleddoedd i'w rieni a'u cyfeillion lu, cyn hel ei bac yn un ar bymtheg mlwydd oed. Bu eisoes yn coginio mewn bwyty yng Nghaerwrangon, a chafodd hyfforddiant pellach yng Ngholeg Bwyd Birmingham. Tra oedd yno, teithiodd yn lleol i brofi bwyd y meistri – Shaun Hill (The Walnut Tree) yn The Merchant House yn Llwydlo yn eu plith. Anfonodd Chris lythyrau cyson at Raymond Blanc yn Le Manoir Aux Quat'Saisons; gweithio yno oedd ei ddymuniad pennaf, ond 'na' oedd yr ateb bob tro. Ceisiodd eto wedi blwyddyn yn berwi llysiau yn Llundain, dan adain Paul Gayler yn y Lanesborough. Cafodd groeso o'r diwedd i'r maenordy chwedlonol, a hynny ar wythnos o brawf.

Wynebodd oriau maith o heriau, yn torri esgyrn cywion ieir ac yn trin gwerth coedlan o fadarch siantrél. Ac wedi paratoi dau lond crât o langwstins, gorchmynnwyd iddo eu berwi'n gyflym. Roedd deg eiliad yn ormod, ac fe'u dinistriwyd mewn chwinciad – ond diolch i'w angerdd a'i frwdfrydedd bu yno am bedair blynedd. Ar ben y coginio, prif orchwyl pawb yno oedd hel cist drysor o flasau ac atgofion bwyd. Ymhen pedair blynedd gadawodd Chris Harrod, ond nid cyn i Raymond Blanc rannu

cyngor ag ef: 'Paid â bod yn ddafad; dilyn dy lwybr di dy hun.' Geiriau proffwydol yn wir.

Fe'i hapwyntiwyd yn brif gogydd ym mwyty Colette's yng ngwesty pum seren The Grove yn Swydd Hertford. Ond fe ysai i ryddhau ei weledigaeth ei hun, ac ymhen pedair blynedd gwelodd fwyty to gwellt ar werth. Yn anffodus, wythnos yn unig cyn arwyddo'r cytundeb llosgodd y tŷ to gwellt yn ulw, a chwalodd ei obeithion yn deilchion; arweiniodd hynny at saith mlynedd yn y diffeithwch. Aeth i weithio i dafarn, ac ymgynghori am sbel, ond doedd ganddo nunlle i ryddhau ei hud ar y byd.

Cafodd wahoddiad gan Arglwydd Niwbwrch – prif gyflenwr cig Le Manoir – i oruchwylio bwydlen newydd Ystad Rhug, Sir Ddinbych. Syrthiodd mewn cariad yno â Kirsty, un o Gernyw yn wreiddiol, cyn iddi symud i Gorwen yn blentyn. Yna daeth galwad o'r Deheubarth, i 'ganol nunlle' yn Nyffryn Gwy; gwirionodd yn llwyr wrth ymweld â The Crown at Whitebrook. Cafodd ei swyno o'r cychwyn gan y bwyty coronog, a gyflawnodd orchest yn 1976 wrth gipio seren Michelin gyntaf Cymru i Sonia Blech. Am saith mlynedd tan 2012 hawliwyd y goron gan James Sommerin, ond gadawodd yntau'r bwyty gan adael yr orsedd yn wag. . .

Hawdd uniaethu â'r cogydd wrth iddo fynd ar goll y tro cyntaf; mae fel diflannu i gyfnod diamser. Does braidd dim cysylltiad â'r 'byd go iawn' yno, sydd yn rhywbeth i'w groesawu yr eiliad yr agorwch y drws. Mae'r gofod pren golau yn chwaethus tu hwnt, ac yn hyfryd o hamddenol a chartrefol. Cewch eich annog i grwydro'r ardal ger yr afon cyn swper, i godi archwaeth am wledd go iawn. Mae coedwig hynafol Coed Margaret gerllaw yn cynnig carped o liwiau trawiadol ym mhob tymor. Ceir cennin Pedr gwyllt, a briwlys y gwrych a'i flodau coch a dail siâp calon yn y gwanwyn. Yr hydref, fodd bynnag, sy'n cynnig rhamant go iawn ag enfys o ddail crin dan draed.

Yn cydweithio'n glòs â'r cogydd y mae'r fforiwr Henry Ashby, a ddysgodd y grefft o hela bwyd gwyllt dan adain ei gyndeidiau. Yn wreiddiol o Swydd Efrog, symudodd yn blentyn i Ynysoedd Sili lle datblygodd ei ddiddordeb mawr. Treuliodd bron i chwarter canrif gyda'r llynges mewn llong danfor cyn ailgydio yn ei ddiddordeb angerddol yn Sir Fynwy. Mae'n gawr o ddyn nobl a chlên, ac yn wyddoniadur ar ddwy droed; ei drysorau dyddiol, amrywiol ef sy'n arwain y fwydlen bob nos.

Ar f'ymweliad i â'r bwyty, ces fy nghroesawu gan driawd o Wlad Groeg, fel gweision benthyg o daith Odysseus am adre. Yn wir, cartref fu'r bwyty i Kirsty a Chris, a briododd yno yn 2014. A lai na blwyddyn ar ôl cyrraedd, fe gyrhaeddodd Chris y brig wrth gipio seren Michelin. Diosgodd y goron i greu ei argraff ei hun, gan atgyfodi'r bwyty dan yr enw 'The Whitebrook', i nodi teyrnasiad newydd sbon.

A sôn am atgyfodi, daw pob saig o bair dadeni, i'ch adfywio a'ch aflonyddu bob yn ail. Blasau Dyffryn Gwy sy'n fframio pob saig, ar ffurf cyfres gywrain iawn o weithiau celf. Am noson werth ei chofio rhaid archebu'r fwydlen flasu; dyma gyfle prin dros ben i ailwefru'r pen!

Yn damaid i aros pryd cyflwynwyd cracyr garlleg gwyllt ac arno flodau bara gwenyn. Yn gydymaith ar y boncyff roedd bisgïen *sable* nionyn a *purée* danadl poethion; enwau o bosib i godi ofn, ond profiad mewn gwirionedd oedd yn falm i'r galon. Fe'i dilynwyd gan *amuse-bouche* blas brocoli, melynllys a chaws Perl Las, rhagflas rhagorol i'r goedwig o ferllys a hudwyd o Symonds Yat. Wedyn cafwyd saig o gregyn bylchog ar ffurf cromlech o foron a dail llysiau crochan du.

Cyfosodwyd dwyster helgig colomen â surni riwbob a berwr y gerddi, cyn symud ymlaen at y torbwt â blas ysgafn ysgawen a barf yr afr felen. Ffefryn mawr ar y fwydlen yw'r bol porc Fferm Huntsham blas hopys a madarch San Siôr. Glanhawyd y daflod wedi pryd mor gyfoethog â jeli llus a hufen iâ camomil. Addurnwyd y saig â cherrig o sierbert a ffrwydrodd yn fy ngheg. Ac fel pe na bai hynny'n ddigon cyflwynwyd tirlun, i gwblhau'r wledd, o wyrddni'r dyffryn dan drwch o eira – crymbl iogwrt a gellygen a phowdwr pin a chwrlid o hufen iâ llaeth enwyn.

Os yw enwau pob un ddeilen wedi'ch drysu wrth ddarllen, digwyddodd reiat o brofiadau yn fy mhen. Sôn am stid i'r synhwyrau, wnaeth fy llorio i'n gyson gan agor traffyrdd cwbl newydd yn fy ymennydd. Ond arweiniodd ambell lwybr i archifdy fy atgofion, gan ddatgloi drysau cudd y galon. Ces ailfyw cusanau tanbaid, a mwy nag un chwerthiniad, wrth geisio dirnad pob cegaid ag ochenaid o bleser pur.

Ymwelais deirgwaith â bwyty The Whitebrook ers 2014; cadarnhawyd ar bob achlysur fod y cogydd Chris Harrod yn Wydion gwirioneddol yn y gegin. Wrth iddo ystyried pob gronyn o'i filltir sgwâr cyfoethogir blas potes y pair, o haenau ei dirlun i hanes yr afon, a'r ceirw sy'n bla yn yr ardd! Mae'n canfod yr awen ym mhob elfen sydd o'i amgylch – o lawr y dyffryn i sêr y ffurfafen.

A'r elfen ddiweddaraf i ennyn ei chwilfrydedd yw hanes melinau papur Gwenffrwd. Fe'u codwyd yn ystod y bedwaredd ganrif ar bymtheg i gludo'r papur ar hyd y dŵr. Fe'u caewyd yn sgil dyfodiad rheilffordd Dyffryn Gwy, ond mae un yn dal i sefyll yng Ngwenffrwd. Papur bwytadwy yw arbrawf nesaf ei labordy, felly paratowch am alcemi pur. Ond cofiwch fod pob cegaid yn rhan fach o'i hunangofiant, dan y pennawd 'Chwedl Gwenffrwd'.

The Whitebrook, Gwenffrwd, Trefynwy NP25 4TX
01600 860254

Diolch
Chef x